Serie de preparación para los sacramentos de Liguori Publications

Tu Matrimonio

LIBRO DE TRABAJO PARA LOS NOVIOS

Edición de Deborah Meister

LIBROS LIGUORI

Imprimi Potest: Stephen T. Rehrauer, CSsR, Provincial Provincia de Denver, Los Redentoristas

Imprimatur: "Conforme al canon 827 del Código de Derecho Canónico, el Reverendísimo Edward M. Rice, obispo auxiliar de Saint Louis, concedió el Imprimátur para la publicación de este libro el 8 de septiembre de 2015. El Imprimátur es un permiso para la publicación que indica que la obra no contiene contradicciones con las enseñanzas de la Iglesia Católica, sin embargo, no implica aprobación de las opiniones que se expresan en la obra. Con este permiso no se asume ninguna responsabilidad".

Publicado por Libros Liguori, Liguori, Missouri 63057
Pedidos al 800-325-9521 o visite liguori.org

p ISBN 978-0-7648-2568-2

e ISBN 978-0-7648-7020-0

Libros Liguori, una corporación sin fines de lucro, es un apostolado de los Padres y Hermanos Redentoristas. Para m ás información, visite Redemptorists.com.

Impreso en Estados Unidos de América
17 16 15 14 13 / 5 4 3 2 1
Primera edición

Agradecimientos

Tu matrimonio no habría sido posible sin las diligentes contribuciones de nuestros equipos de publicación y producción.

A los autores, colaboradores y editores cuyos nombres aparecen en las páginas de este trabajo: su caridad, ministerio, testimonio personal y vocaciones hablan de ustedes más que cualquier otra cosa. Nosotros y muchas parroquias y parejas que usamos este programa les estaremos siempre agradecidos por su sabiduría.

Agradecemos también al equipo de Libros Liguori de preparación sacramental –Wendy Barnes, Angela Baumann, Mark Bernard, Julia DiSalvo, Chuck Healy, Gabriel Hernández, Lorena Mitre Jimenez, John Krus, Luis Medina, William Townsend– y a muchos otros líderes, miembros del equipo directivo y clientes: su intenso trabajo y comentarios arrojaron luz sobre una gran necesidad de la Iglesia y dieron lugar a una respuesta para una comunidad rica en su diversidad.

Agradecemos también a *Salt River Production Group*, especialmente a Chuck Neff, a las personas que participaron en nuestro video y al P. Byron Miller, quien aceptó nuestra invitación: gracias por su presencia tan especial y llena de Dios que tanto bien hace a parejas en muchas partes.

ÍNDICE

Los formularios de evaluación para *Tu matrimonio* están disponibles en **Liguori.org/marriage.**

Acerca de Tu matrimonio

¡Felicidades por estar comprometidos en matrimonio! Este libro de trabajo reúne una valiosa información para ayudarles a prepararse para su matrimonio. La Iglesia quiere que estén **preparados, no solo para su boda, sino también para vivir juntos toda su vida** en el matrimonio. Su interés por realizar este programa es una muestra de la profundidad de su compromiso para amarse el uno al otro y para cumplir sus votos del matrimonio.

El *Código de Derecho Canónico* exige una "preparación personal para contraer matrimonio, por la cual los novios se dispongan para la santidad y las obligaciones de su nuevo estado" (Canon 1063). Esta educación y formación, como sucede con toda la preparación sacramental, se hace bajo la dirección de la parroquia o de la diócesis. Deberán acudir a una serie de reuniones o retiros que los guiarán en el uso de este libro de trabajo. Quien presidirá su ceremonia o los líderes de pastoral los acompañarán en este proceso y les dirán cómo usar todos estos materiales.

Ya sea que estudien o no juntos todos los temas o que contesten a cada una de las preguntas que aparecen en cada capítulo, les recomendamos que **lean todo el texto por su parte y hagan los ejercicios** que en él aparecen. Los últimos cuatro capítulos no se aplican a todas las parejas, pero si los hacen o quien los está guiando les pide que los hagan, les será también de mucho provecho. Al final, la tarea de construir un matrimonio fuerte y santo depende solo de ustedes dos y de la acogida que den en su relación a la presencia continua de Dios y a la gracia.

Que Dios los bendiga hoy y cada uno de sus días,

Deborah Meister, editora

Oración inicial

Dios lleno de amor, nos has llamado aquí este día para prepararnos de la mejor manera al Sacramento del matrimonio.

Bendícenos con la gracia que necesitamos para abrir nuestros corazones y mentes al Santo misterio del matrimonio.

Queremos vivir como esposo y esposa con un amor que nunca fracase.

Bendice nuestras conversaciones y nuestros momentos de silencio con tu sabiduría.

Nos apoyamos en la fe y la oración para construir un sólido matrimonio.

Bendice nuestro amor con la gracia de ser misericordiosos y generosos.

Queremos que nuestro matrimonio brille con el amor y la luz de Cristo para ser un signo de tu amor incondicional y eterno por todo el mundo.

Amen.

Oración final

Oh Dios, tu amor y misericordia nos llegan a través del otro.

Tu nos has llamado aquí (hoy / esta noche) para reflexionar y entender mejor la alianza para toda la vida que haremos con el otro en el matrimonio.

Ayúdanos a estar abiertos a la acción de la gracia para prepararnos bien, discernir con madurez nuestros votos y para prepararnos a construir un matrimonio sólido.

Te agradecemos tu presencia ahora que compartimos todo lo que hemos recibido y seguimos creciendo en amor y unidad.

Bendice nuestras conversaciones y ayúdanos a ver tu rostro en el otro.

Amen.

Espiritualidad y fe en el matrimonio

Diácono Harold Burke-Sivers

En este capítulo…

- Cristo es el fundamento de la Iglesia doméstica.
- La fe dentro del matrimonio puede ser un reto exigente.
- Cómo vivir en común una vida de oración

Tu Matrimonio

Cuando un hombre y una mujer se casan, toman una decisión definitiva de amar y darse completamente a sí mismos al otro en un amor libre, fiel, total y fecundo. El día de su boda, por la gracia del Sacramento, entran en una relación profundamente íntima y abierta a la vida, en comunión con el Señor. Con la ayuda de Cristo ponen un fundamento sólido sobre el cual construirán su vida matrimonial.

Esta base, esta estructura de apoyo es la alianza de amor con Jesucristo. De la misma forma en que Jesús no guardó nada para sí, no escatimó ningún sacrificio y se entregó totalmente a nosotros, los esposos y las esposas están llamados por Dios, con la ayuda del Espíritu Santo, a amar, servir y sacrificarse. Cuando abren sus corazones y asumen esta misión, se vuelven vulnerables y se convierten en un don, no solo para Dios y ellos mismos, sino para todo el mundo.

Haz que Jesús sea la piedra angular de tu matrimonio

SALMO 127

"Si Yahvé no construye la casa, en vano se afanan los albañiles"

Mencionen tres cosas sobre las que se basa su relación.

1. ______________________________
2. ______________________________
3. ______________________________

MATEO 7:24

"Así pues, todo el que oiga estas palabras mías y las ponga en práctica, será como el hombre prudente que edificó su casa sobre roca"

Mencionen tres cosas que desean construir juntos en su vida como esposos.

1. ______________________________
2. ______________________________
3. ______________________________

JUAN 13:15

"Porque les he dado ejemplo, para que también ustedes hagan como yo he hecho con ustedes"

Mencionen tres formas en las que imitan a Cristo como modelo de amor, servicio y sacrificio.

1. ______________________________
2. ______________________________
3. ______________________________

JUAN 4:12

"Si nos amamos unos a otros, Dios permanece en nosotros y su amor ha llegado en nosotros a la perfección"

AΩ

Mencionen tres formas en las que van a hacer crecer su amor una vez casados.

1. ______________________________
2. ______________________________
3. ______________________________

Retos para los matrimonios que practican la fe

Diversas actitudes y expresiones de fe dan forman a la vida espiritual en común de unos esposos. Cuando las diferentes prácticas y preferencias no se entienden y valoran, pueden surgir tensiones (si se están preparando para un matrimonio entre miembros de diversas confesiones cristianas o religiosas, más adelante encontrarán un capítulo solo sobre este tema).

Algunos puntos:

- Asistencia a Misa (semanalmente, diario)
- Devociones
- Objetos religiosos, especialmente en casa
- Estudio de la Biblia
- Eventos religiosos con relevancia social (bautizos, primeras comuniones, etc).
- Caridad y servicio
- Evangelización
- Actividad política de inspiración cristiana

Diferentes prácticas religiosas

En la tabla que sigue, escriban las prácticas concretas que se aplican a su situación (más adelante hablaremos de las preferencias de cada uno en la oración).

Actividades que ya realizan y valoran	Actividades ya conocidas y que desean hacer	Actividades neutrales o solo probables	Actividades que no les gustan o que evitan	Actividades ante las que tienen serias objeciones

Brecha de fe

A menudo uno de los esposos crecerá en su fe, mientras el otro no o lo harán a diferente ritmo. Se debe tratar de respetar los talentos y el ritmo del otro, sin creer que él o ella va a cambiar simplemente para darnos gusto. Hay que hacer todo lo necesario para poder tener una sólida relación basada en la fe a través de la oración, la paciencia y la humildad. Cuando buscamos juntos crecer en la fe y en la santidad, el Señor nos asegura que la verdad nos hará libres (Jn 8:32).

No rezar juntos

Muchas parejas no han rezado juntos en mucho tiempo, si es que lo han hecho alguna vez. De la misma manera que las parejas deben hablar para conocerse y necesitan mostrarse afecto para sentirse más cerca el uno del otro, del mismo modo, no es posible conocer a Dios o acercarse más a Cristo como pareja si lo hacen juntos.

La oración es tanto un don de la gracia como una respuesta personal a la invitación de Dios para vivir en una alianza. La oración permite a los esposos escuchar la voz de Dios, caminar humildemente en la obediencia de la fe y renovar su propósito de tener una relación de amor e intimidad con él y con el otro cónyuge. Los esposos necesitan la ayuda de Dios para cada paso que dan en el camino, tanto en los buenos tiempos, como en los malos. Cuando los esposos oran porque se sienten angustiados, reflejan su confianza en Dios y penetran en el corazón de la pasión y muerte de Cristo. Jesús promete, "todo cuanto pidan en la oración, crean que ya lo han recibido y lo tendrán" (Mc 11:24). Dios conoce sus deseos y anhelos más profundos de estar más unidos entre ustedes y con él.

Muchas parejas creen que es suficiente con ir a la iglesia los domingos, rezar antes de las comidas o llevar una vida de oración personal. Es posible que no sepan cómo orar juntos o tienen miedo de que sea un momento incómodo o raro. ¿Cómo pueden los esposos superar esto, sobre todo si tienen diversas formas de rezar? La clave está en hacer todo de la forma más sencilla posible y seguir intentándolo.

Algunas sugerencias

Tener un tiempo y un propósito común de dedicar todos los días unos minutos a orar juntos.

Comenzar con un momento de silencio y después seguir adelante improvisando una oración o diciendo una tradicional y sencilla.

Que cada uno comparta su oración favorita o diga algunas peticiones por intenciones personales, sin tener miedo a decir lo que tienen en su corazón.

Leer un pasaje de la Escritura y reflexionar en lo que este significa para ellos como esposos.

Beneficios de orar juntos

- Se incrementa el afecto, el respeto y la estima entre los esposos
- Se asume un mayor compromiso de buscar a Dios juntos
- Hay mayor honestidad, confianza y aprecio entre los esposos
- Se desarrollan hábitos de amor que se convertirán en parte de su vida ordinaria
- Re-encender el amor, la alegría y la pasión de la relación.

Encontrar una forma de rezar en común

	Esposa	Esposo
1. Cuando rezo, me gusta:		
a. Sentarme	S	N
b. Estar de pie	S	N
c. Arrodillarme	S	N
d. Caminar	S	N
2. Me gusta usar oraciones tradicionales de la Iglesia (por ejemplo, el Rosario, la Liturgia de las Horas, Novenas, el padrenuestro, el avemaría, etc)	S	N
3. Me gusta hacer oraciones espontáneas que nacen del corazón.	S	N
4. Me gusta hacer oración en silencio.	S	N
5. Me gusta rezar en voz alta.	S	N
6. Me gusta escuchar música para meditar mientras rezo.	S	N
7. Me gusta leer la Escritura y/o hacer *Lectio divina.*	S	N
8. Me gusta la oración meditativa o contemplativa.	S	N
9. Me gusta rezar en la mañana.	S	N
10. Me gusta rezar en la noche.	S	N
11. Me gusta rezar en diversos momentos a lo largo del día.	S	N
12. Me gusta rezar en nuestra habitación.	S	N
13. Me gusta rezar al aire libre.	S	N
14. Me gusta rezar en el coche.	S	N
15. Me gusta crear un ambiente apto para la oración (usando velas, crucifijos, imágenes de santos, etc).	S	N

- Anota aquellos enunciados en los que ambos respondieron “sí”.
- Vean cómo convertir aquellas cosas que a ambos les gustan en un momento de oración compartida. La oración es íntima, por tanto sean claros clara sobre cómo sobre cómo quieren que se respete su privacidad y pongan límites claros.
- Después de un momento de oración, hablen brevemente sobre cómo se sienten. De vez en cuando revisen cómo van las cosas. Pregúntense el uno al otro:
  1. ¿Qué te dijo Dios durante la oración?
  2. ¿Te sientes a gusto? ¿Te sientes menos vulnerable y más seguro?
  3. ¿Estás esperando a que llegue el tiempo de oración?
  4. ¿Qué podemos hacer para que el tiempo de oración sea todavía mejor?

Formarse en la fe

Aprender es una parte esencial de la espiritualidad. De la misma forma que el cuerpo necesita ser alimentado, el alma tampoco crece si no alimentamos nuestra fe. Estudiar la Biblia e integrar en nuestra vida cotidiana la oración y los sacramentos debe ser parte de nuestro camino espiritual. Al formar su fe y su conciencia de acuerdo con los criterios de Cristo, los esposos lo encuentran de manera auténtica y el Verbo se hará carne en su vida matrimonial.

La iglesia doméstica

La vida espiritual en el matrimonio se derrama sobre la vida familiar. La familia ayuda a que cada uno de sus miembros descubra su vocación y crezca en la virtud. La Sagrada Familia –Jesús, José y María– nos enseñan cómo llevar a cabo los roles de papá, mamá e hijo. Los capítulos sobre los hijos y su educación profundizan en la importancia de la educación cristiana en el hogar, sobre todo en lo relacionado con:

- † Vivir y dar testimonio de su pacto de amor
- † Establecer tradiciones de fe familiares
- † Crear una atmósfera en el hogar centrada en Cristo
- † Formar y educar a los hijos en la fe
- † Apoyar y secundar la labor educativa que realizan la parroquia, la escuela y la comunidad sin abdicar de la propia responsabilidad como padres cristianos.

Oración individual

La oración en pareja nunca debe reemplazar la oración activa y fecunda de cada uno de los esposos. En el matrimonio, los dos se hacen una sola carne, pero no una sola persona. En el matrimonio, el esposo y la esposa no pierden nada de su propia individualidad, más bien, se asemejan cada vez más a la persona que Dios tenía en mente al crearlos. La relación con Dios de cada uno de los esposos beneficia a toda la familia porque alimenta el alma de él y de ella y, al final, hace más profunda la vida de oración en común de la pareja.

Los **votos del matrimonio** son una promesa de amarse y apoyarse recíprocamente todos los días de sus vidas. Los esposos deben permitir que la flama del amor de Dios purifique sus vidas y su relación. Cuando los esposos viven una espiritualidad intensa y generosa, el Espíritu Santo los consumirá y el amor que se tienen será transformado. Esto no siempre es fácil, pero deben confiar en la gracia del Sacramento. ¡Con Dios todas las cosas son posibles!

Para la reflexión personal y en común

1. ¿Cómo describirías tu relación personal con Dios y tu vida de oración?

2. ¿Cómo ha cambiado tu relación con Dios desde que conociste a tu futuro esposo o esposa?

3. La vida de una pareja casada en el mundo actual es a menudo frenética. Menciona tres formas en que puedes darte a ti mismo a tu cónyuge.

4. Menciona dos o tres formas en que han hecho sacrificios para fortalecer su relación.

5. Completen esta frase varias veces alternándose: *veo a Dios en ti cuando…*

Reflexiones personales

Teología del Matrimonio

David W. Fagerberg, PhD

En este capítulo…

- ¿Qué hace al matrimonio algo único?
- ¿Cuáles son los bienes del matrimonio?
- ¿Qué significa "ley natural"?

A menudo el matrimonio es llamado "el primer sacramento" o el sacramento primigenio, porque existió desde el Jardín del Edén, incluso antes de la caída de nuestros primeros padres. Con la ternura de un padre, Dios puso juntos a Adán y a Eva y les deseó que fueran felices. "Dios [es] el autor del matrimonio, al cual ha dotado con bienes y fines varios" (Gaudium et Spes 48). Así, el matrimonio no es una concepción del Estado para dar forma a la sociedad o fruto de un plan de la sociedad para organizarse a sí misma. **El matrimonio proviene de la mente del Creador cuando pensó en la felicidad y realización de sus criaturas.**

> *La vocación al matrimonio se inscribe en la naturaleza misma del hombre y de la mujer, según salieron de la mano del Creador. El matrimonio no es una institución puramente humana a pesar de las numerosas variaciones que ha podido sufrir a lo largo de los siglos en las diferentes culturas, estructuras sociales y actitudes espirituales. Estas diversidades no deben hacer olvidar sus rasgos comunes y permanentes.*
>
> *CIC 1603*

Preguntas al aire sobre el matrimonio suscitadas por los índices de divorcio, los padres solteros, el sexo anónimo, LGBT y realidades semejantes. La gente se pregunta:

- *¿Para qué nos preocupamos de casarnos? ¿No se trata simplemente de un pedazo de papel?*
- *¿Para qué tratar de mantener un matrimonio imperfecto o de reparar uno que está dañado?*
- *¿Para qué limitar sus prestaciones o beneficios a cierto tipo de relaciones?*

A ello, la Iglesia ofrece tres respuestas: los bienes del matrimonio":

✚ *bonum prolis*
el bien de los hijos

✚ *bonum fidei*
el bien de la casta fidelidad

✚ *bonum sacramenti*
el bien del vínculo indisoluble

Lo anterior pueden parecer conceptos teológicos difíciles, pero si estudiamos su significado y los principios sobre los que se basan, podremos encontrar su verdad más profunda.

La palabra ***bonum***, que significa **"bien,"** puede entenderse como un valor o bendición. **Algo es bueno cuando cumple el fin para el que fue hecho**: una buena pluma escribe, un buen cuchillo corta, un buen reloj da la hora. Algo es bueno cuando posee las perfecciones propias de su naturaleza. Esto nos lleva a preguntarnos, "¿cuál es la naturaleza del matrimonio?, ¿qué lo hace distinto de cualquier otra relación?". Tú tienes amigos, compañeros y relaciones de negocios, conocidos. Pero estos tres bienes distinguen la relación matrimonial de cualquier otro tipo de relación.

¿Qué hace especial a un matrimonio?

La mayor parte de los objetos comunes tienen una naturaleza clara y propia. Observen los ejemplos de abajo y después completen la tabla usando otros ejemplos suyos:

Objeto	Espátula	Automóvil	
Fin propio	raspar, suavizar, voltear.	transportar gente y cosas	
Otros usos (propios o impropios)	herir	embestir, jalar / empujar	
Objetos similares	cuchillo	tren, bicicleta, avión, barco	
¿Exclusivo o supremo?	no es exclusivo, pero a menudo supremo	no es exclusivo, pero en algunos superior	

Del mismo modo, el matrimonio es distinto de cualquier otra cosa, es único y está por encima de otras relaciones. Esto, de tres modos:

1. El matrimonio se da únicamente entre un hombre y una mujer, que pueden ser "ministros de la omnipotencia" y dar lugar a una nueva vida.
2. El matrimonio se da entre un hombre y una mujer que viven en fidelidad exclusiva el uno para con el otro.
3. Una vez realizado, el matrimonio no puede disolverlo ningún ser humano, incluidos los mismos esposos.

Piensa en estas cosas de acuerdo con tu propia experiencia. ¿Podría uno de tus papás, un maestro o un compañero de trabajo llenar plenamente tu vida? ¿Puede una amistad volverse cada vez más íntima sin que haya un compromiso cada vez más grande, exclusivo e íntimo? De hecho, muchos matrimonios comienzan por una simple amistad.

El siguiente cuadro muestra dónde ciertas relaciones imitan las cualidades del matrimonio y dónde se quedan cortas.

Nombre	Sofía	Patricia	Juan
Relación	Mejor amiga	Mamá	Compañero de trabajo
Fin natural o fines de la relación	Compañía, apoyo en momentos difíciles	Cuidar y alimentar, formar	Ayudar en el trabajo y en el servicio a los demás
¿Está abierta a la reproducción? (S/N)	Sí	Sí	No
¿Exclusiva o principal? (S/N)	Sí, pero no siempre.	Exclusiva si se es hijo único, pero no principal.	No
¿Consensual? (S/N)	Sí	No. (un niño no es capaz de dar un verdadero consentimiento y los papás no escogen a sus hijos)	Sí
¿Puede desaparecer? (S/N)	No	Biológicamente, sí.	No

Escoge a dos personas que no sean tu prometido o prometida con los cuales tengas algún tipo de relación. Completa el cuadro de abajo con esas personas como en el cuadro anterior.

Nombre		
Relación		
Finalidad natural o propia		
¿Tiene potencial reproductivo? (s/n)		
¿Es una relación exclusiva o principal? (s/n)		
¿Consensual? (s/n)		
¿Se puede romper? (s/n)		

Ahora piensen en su futuro esposo o esposa. Además de distinguir los elementos propios del matrimonio, **mencionen algunas otras formas** en las que su relación es única. Piensen en sus personalidades, intereses compartidos, valores y otros elementos.

Bonum prolis

El bien de los hijos

En su encíclica de 1930 sobre el matrimonio cristiano, *Casti Connubii*, el Papa Pío XI escribió que el matrimonio es "como un vehículo transportador de vida, mediante el cual los padres sirven como auxiliares de la omnipotencia divina" (83). De manera increíble, Dios comparte con el padre y la madre el privilegio de poder traer una nueva vida al mundo: se convierten en ministros de su poder para crear. Esto es lo que distingue el pacto del matrimonio entre un hombre y una mujer de cualquier otro tipo de relación.

Algunas veces la gente encuentra un conflicto entre el fin procreativo y el fin unitivo del acto conyugal, incluso si no lo hay. Desde el siglo V, san Agustín subrayaba que el matrimonio beneficiaba a toda la sociedad y no solo a las dos personas que engendraban hijos. Nos recuerda que aunque la descendencia es un bien significativo, no es el único bien y reprueba la antigua práctica romana de los hombres que se divorciaban de sus esposas cuando estas no podían tener hijos. El vínculo existe por la posibilidad de tener hijos, pero no puede desaparecer incluso si los esposos no son bendecidos con una prole.

De cualquier forma, el bien de los hijos en el matrimonio es mucho más que solo tener bebés. Los matrimonios cristianos dan lugar a familias en las cuales

> ***nacen nuevos ciudadanos de la sociedad humana, quienes, por la gracia del Espíritu Santo, quedan constituidos en el bautismo hijos de Dios, que perpetuarán a través del tiempo el Pueblo de Dios. En esta especie de Iglesia doméstica.***
>
> Lumen Gentium, *11*

El matrimonio coloca al niño en una comunidad formada por el padre y la madre que lo alimentará y ambos se encargarán de su desarrollo, educación y formación. Educar a los hijos es una creación constante, porque es donde se forma la personalidad. **El matrimonio se trata de amar; y el amor imita a la Trinidad**. Las personas de la Trinidad se dan a sí mismas a las otras dos y a toda la creación; por ello, el amor matrimonial será no solo de un esposo al otro, sino también a las demás personas. Esta es la razón por la que la doctrina católica pide a las parejas estar abiertas a la vida. Es la base de la doctrina católica sobre los anticonceptivos. No se trata solo de los hijos, se trata de la relación entre el esposo y la esposa. No estar abiertos a la vida en el acto conyugal cambia la total donación de uno mismo.

Los bienes del matrimonio *(continúa)*

Bonum fidei

El bien de la casta fidelidad

La castidad es una fuerza bien orientada que ayuda a integrar la sexualidad en la vida de una persona. Aristóteles decía que la justicia era hacer lo correcto, en el momento correcto, por la correcta razón, en la medida correcta y en la manera correcta. Por ello, la castidad es la sexualidad practicada de forma justa. Así, "todo bautizado es llamado a la castidad" (CIC 2348) y debe cultivarla según corresponda a su estado de vida. Las personas casadas viven la castidad conyugal; las personas con votos religiosos practican la castidad en la continencia; y las personas solteras hacen que la castidad dé frutos a través de la caridad en la amistad (CIC 2349 y 2346).

La fidelidad no es menos difícil de entender. Todos respetamos la fidelidad. Nunca se le permitiría a un novio prometer en el día de su boda "amarte y respetarte hasta que me dé la gana". Pero como sociedad, nos cuesta trabajo creer que la fidelidad es posible.

En el día de su boda, ustedes no prometen sentirse igual todos los días, eso es imposible. Todos atravesamos diversos estados de ánimo; siempre hay imprevistos que nos están esperando. **Lo que ustedes prometen es, sin importar los cambios de ánimo que sufran, colocar todas sus decisiones y gustos en el contexto de esa promesa.**

La fidelidad es necesaria para que tanto el hombre como la mujer crezcan y se perfeccionen. El Papa Pío XI dijo, "este constante anhelo de perfeccionarse recíprocamente, puede incluso llamarse, en un sentido pleno de verdad (...) causa y razón primaria del matrimonio" (*Casti Connubii* 24).

Pero este esfuerzo no tiene como objetivo la imagen ideal que te puedes haber formado de tu esposo o esposa, sino más bien realizar el designio espiritual de Dios. Tu esposo o esposa es una herramienta en las manos del Espíritu Santo, que es la razón por la que la elección de tu esposo es tanto una decisión espiritual como una decisión personal.

> **cas·ti·dad**
> energía espiritual que sabe defender el amor de los peligros del egoísmo y de la agresividad, y sabe promoverlo hacia su realización plena
>
> *Familiaris Consortio*, 33

Sagrada Escritura

ISAÍAS 54:5

"Porque tu esposo es tu Hacedor, Yahvé Sebaot es su nombre; y el que rescata, el Santo de Israel, Dios de toda la tierra se llama"

Mencionen tres formas en que Dios les ha mostrado su amor y fidelidad.

1. ______________________________

2. ______________________________

3. ______________________________

APOCALIPSIS 19:7

"Han llegado las bodas del Cordero, y su esposa se ha engalanado"

Menciona tres tareas o metas que tienes para tu preparación matrimonial.

1. ______________________________

2. ______________________________

3. ______________________________

EFESIOS 5:25

"Maridos, amen a sus mujeres como Cristo amó a la Iglesia..."

Menciona tres formas en que ves a Dios presente y activo en la comunidad cristiana y/o en tu iglesia local.

1. ______________________________

2. ______________________________

3. ______________________________

JUAN 3:29

"El que tiene a la novia es el novio; pero el amigo del novio, el que asiste y le oye, se alegran mucho con la voz del novio..."

Menciona tres formas en que podrías ayudar (o ayudas) a la institución del matrimonio.

1. ______________________________

2. ______________________________

3. ______________________________

Los bienes del matrimonio *(continúa)*

Bonum sacramenti

El bien de un vínculo indisoluble

Cristo eleva el matrimonio natural a sacramento cuando este tiene lugar entre cristianos (no solo entre católicos). El *Catecismo* dice, "en el matrimonio cristiano los cónyuges son fortalecidos y quedan como consagrados por un *sacramento peculiar* para los deberes y la dignidad de su estado". Un matrimonio sacramental es un acto litúrgico, razón por la cual la Iglesia, por lo general, pide que los fieles se casen de acuerdo con la forma cristiana establecida.

La doctrina católica es muy clara al afirmar que el matrimonio solo existe por la libre elección de dos personas. **Sin embargo, una vez que el consentimiento se da libremente, comienza a existir una nueva realidad que ya no depende de la voluntad de las personas o de sus intenciones.**

El vínculo sacramental del matrimonio no puede deshacerse, porque la alianza, *establecida por Dios*, ha dado luz a una nueva realidad, la cual de hecho no existe solo en los sentimientos o la imaginación (o en el papel), sino en la realidad. En la Biblia, una alianza tiene la misma fuerza para unir a las personas que una relación de sangre. Permanece hasta la muerte. Y este es el punto central. Los dos se han convertido en uno. A diferencia de un contrato, el matrimonio no desaparece cuando una de las partes viola los términos del pacto o retira su consentimiento. La promesa misma, **la gracia del sacramento, sostendrá a los esposos en los momentos de dificultad**.

> Del matrimonio válido se origina entre los cónyuges un vínculo perpetuo y exclusivo por su misma naturaleza….
>
> (*CIC* 1638)

Esta fuerza, al igual que la fidelidad de Dios para con todos, es algo que se debe celebrar y en lo cual se debe tener fe. A diferencia de un contrato, el matrimonio no se disuelve cuando uno de los esposos viola los términos de este o retira su consentimiento. La promesa en sí misma, la gracia del Sacramento, ayudará a los esposos a avanzar en momentos de dificultad. Esta fuerza, que es la fidelidad de Dios para con todos, es algo que debe celebrarse y en lo cual se debe tener fe.

La enseñanza de la Iglesia sobre el matrimonio proviene de las enseñanzas de Jesús. Aunque la ley de Moisés permitía el divorcio, Cristo dice que tiene que venir para restaurar el orden original de la creación que fue alterado por el pecado.

Cristo elevó el matrimonio según la ley natural al plano sobrenatural. **El vínculo indisoluble es el aspecto oculto –el *sacramentum*, el misterio– que hace del matrimonio un signo más profundo de algo más.**

Este vínculo que resulta del acto humano libre de los esposos y de la consumación del matrimonio es una realidad ya irrevocable y da origen a una alianza garantizada por la fidelidad de Dios. La Iglesia no tiene poder para pronunciarse contra esta disposición de la sabiduría divina (CIC 1640).

Un sacramento con duración ilimitada

Cuando la Iglesia habla del "Sacramento del matrimonio", no está hablando solo de la boda. Aunque la ceremonia y el rito son muy bellos, el matrimonio completo, la misma relación, son el sacramento. Un matrimonio de 50 o 60 años es un sacramento bien "añejado" que comenzó con una ceremonia de una hora.

Lo que Dios unió no lo separe el hombre (...) Moisés, teniendo en cuenta la dureza de su corazón, les permitió repudiar a sus mujeres; pero al principio no fue así.

Mateo 19:6;8

Buscar lo mejor

Los tres bienes del matrimonio tienen como objetivo llevarnos a la felicidad. Se relacionan entre sí de manera ascendente, construyéndose uno sobre el otro. Con su gran capacidad para organizar las ideas, santo Tomás de Aquino anotó lo siguiente.

El matrimonio es...	por el bien de...	para perpetuar...	y es gobernado por...
una institución natural	la naturaleza	la raza humana	la ley natural
una institución social	la sociedad	la familia y el Estado	la ley civil
un sacramento	la Iglesia	la fe cristiana	la ley divina

Esto no es difícil de entender; usamos las palabras “superior” e “inferior” constantemente. Un buen ejemplo es la comida:

El “bien” de la comida	Ejemplo	Fin o fines
Biológico (bueno)	Comidas diarias	Sostener la vida
Humano o social (superior)	Banquete de fiesta	Placer, hospitalidad, amor
Espiritual (máximo)	Eucaristía	Unión con Cristo y la Iglesia, recibir la gracia santificante.

Completa los bienes ascendentes de las siguientes realidades.
Cuando te cases, ¡busca siempre lo mejor!

Lavar	**Ejemplo**	**Fin o fines**
Biológico		
Humano o social		
Espiritual		

Arte	**Ejemplo**	**Fin o fines**
Biológico		
Humano o social		
Espiritual		

¿Qué es la ley natural?

La ley natural a menudo es malinterpretada por la forma en que la gente usa la palabra "natural". Frecuentemente, se usa para hablar de algo donde no hay influencia humana (un oso vive por ley natural en los bosques o los ingredientes naturales no han sido procesados). Pero significa más que simplemente **"algo que sucede por sí mismo" o "cualquier cosa que sentimos de forma instintiva".**

La ley natural es un reflejo de la Divina Sabiduría (Dios) en la naturaleza humana. Cuando la providencia de Dios guía al sol en su órbita, estamos hablando de leyes de la naturaleza; cuando dirige a la criatura racional, hablamos de ley natural.

> *La creatura racional tiene una participación de la razón eterna en virtud de la cual se encuentra naturalmente inclinada a los actos y fines debidos. Y esta participación de la ley eterna en la criatura racional es lo que se llama ley natural.*
>
> —Santo Tomás de Aquino

Los animales se guían por el instinto, pero los seres humanos que son racionales tienen algo que está por encima del instinto; reciben leyes que comprenden con su razón.

El *Catecismo* establece que la ley natural está grabada en el corazón de cada persona y por el sentido moral de esta "permite al hombre discernir mediante la razón lo que son el bien y el mal, la verdad y la mentira" (CIC 1954).

La ley natural es inmutable y permanente, por lo mismo se aplica a todas las personas de todos los tiempos. La enseñanza de la Iglesia sobre el matrimonio se enraíza en la misma naturaleza como ha sido creada por Dios. La Escritura nos dice, "no es bueno que el hombre esté solo" (Gn 2:18). **De acuerdo con la ley natural, el matrimonio es uno e indisoluble.** La ley natural guía la ley civil a respetar el bien común, incluyendo el matrimonio, y la ley civil no puede cambiar eso. El matrimonio existe porque la naturaleza humana se presenta en dos sexos complementarios, masculino y femenino, y su unión es un acto marital.

El matrimonio tiene sus raíces en la misma naturaleza como fue creado por Dios… La ley natural guía la ley civil y la ley civil no puede cambiarlo.

¿Un cuarto bien?

Los tres bienes del matrimonio –los hijos, la fidelidad y la indisolubilidad– tienen como fin contribuir al bien de los esposos, el cual podría llamarse **bonum conjugum**. Aunque este bien no era uno de los tres originales, entendemos el bien de los esposos como algo que está contenido en los tres bienes considerados en su conjunto. *El Código de Derecho Canónico* lo afirma describiendo al matrimonio como ordenado "al bien de los esposos y a la procreación y educación de los hijos" (canon 1055). El *Catecismo* dice:

> *La alianza matrimonial, por la que un hombre y una mujer constituyen una íntima comunidad de vida y de amor, fue fundada y dotada de sus leyes propias por el Creador. Por su naturaleza está ordenada al bien de los cónyuges así como a la generación y educación de los hijos (CIC 1660).CCC 1660.*

Para la reflexión personal y en común

1. ¿Qué hace a la relación entre los esposos única? Reflexionen en común sobre lo que significa ser ministros de la divina omnipotencia.

2. Reflexionen entre ustedes sobre la relación entre matrimonio y ser padre o madre. ¿Por qué están juntos?

3. ¿Qué han escuchado –ya sea a través de sus amigos, de la familia o de los medios de comunicación– acerca de la "castidad"?

4. Si un vínculo indisoluble es una bendición, un bien, un valor, ¿por qué crees que algunas personas lo rechazan? Compartan entre ustedes ejemplos de cómo su relación actual refleja la unidad y permanencia del vínculo que están por crear.

5. Comparte con tu futuro esposo o esposa como esperas que el matrimonio te haga una mejor persona y un mejor cristiano.

Reflexiones personales

El Rito del Matrimonio

David W. Fagerberg, PhD

En este capítulo…

- El Matrimonio se realiza cuando se expresa el consentimiento.
- Como sacramento, el Rito del Matrimonio a menudo se celebra dentro de la Misa.
- Dentro del rito, hay formas de personalizar la ceremonia.

La palabra *conyugal* significa "poner juntos" y en el Rito del Matrimonio, eso es lo que la novia y el novio hacen; eso es lo que atestigua la comunidad; eso es lo que la Iglesia recibe, bendice y fortalece. **Expresar el consentimiento es el acto que se debe realizar**: ese acto "produce el matrimonio" (Canon 1057). **Sin el libre consentimiento, no hay matrimonio** porque es una de las condiciones requeridas. Ese estado interior de libertad se expresa en los votos y promesas, y queda simbolizado por diversas expresiones culturales, siendo la más común el intercambio de anillos. Pero el consentimiento es la esencia del acto. Los contrayentes se dan a sí mismos libremente al otro y también lo aceptan. De acuerdo con la tradición latina (del cristianismo occidental), **la esposa y el esposo se administran el Sacramento de forma recíproca**: "los esposos, como ministros de la gracia de Cristo, manifestando su consentimiento ante la Iglesia, se confieren mutuamente el sacramento del matrimonio" (CIC 1623).

La celebración litúrgica debe manifestar el hecho de que el esposo y la esposa están asumiendo ahora una vocación especial en la comunidad cristiana. El amor que recibieron como un don de Dios se convierte en un don para toda la Iglesia y para el mundo. No es el "día de la esposa" (o de cualquier otra persona); es un día litúrgico. Como todos los ritos sacramentales, la liturgia del matrimonio es un acto de culto y de gracia. **Toda la liturgia debe reflejar el hecho de que ellos consideran su amor algo sagrado, lo cual quiere decir que pertenece a Dios.** Algo que ya era sagrado a los ojos de Dios se eleva al nivel de sacramento de la nueva creación. La esposa y el esposo se hacen uno con el amor de Cristo en la cruz, el cual fluye desde su resurrección.

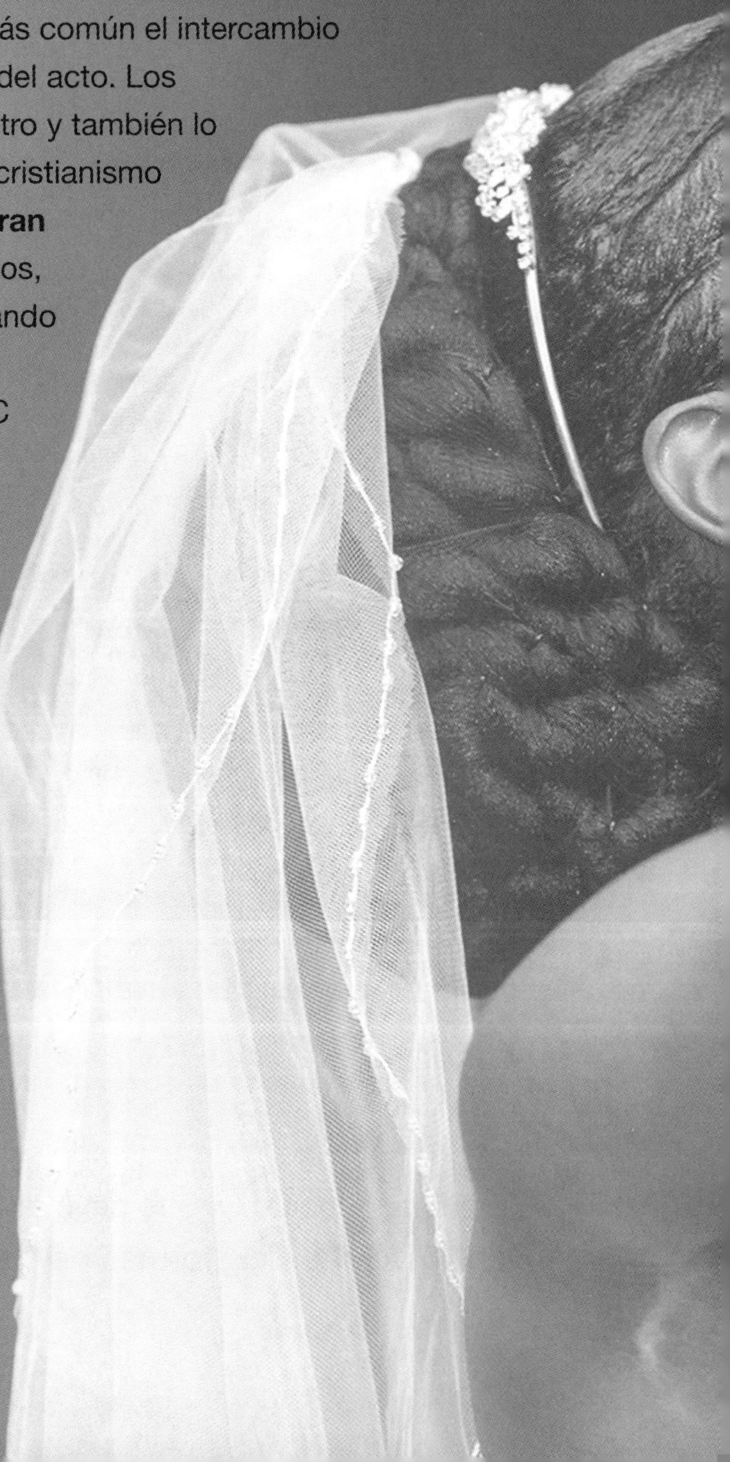

El Rito del Matrimonio

Algunas veces, el Rito del Matrimonio se realiza fuera de la Misa, quizás por alguna necesidad especial o en el caso de un católico que se casa con un no católico. **La boda sigue siendo un sacramento, incluso si no hay Misa, siempre y cuando ambos novios hayan sido bautizados como cristianos.** Aquí vamos a examinar un matrimonio dentro de la Misa.

La boda tiene lugar en una iglesia por una razón más profunda que contar con un bonito escenario. El Matrimonio es uno de los siete sacramentos, una manifestación de la presencia de Dios y del amor que se da a sí mismo, por tanto, es natural que se conduzca hacia la fuente y máxima expresión del amor y donación de uno mismo: el misterio pascual de Cristo celebrado en la Eucaristía.

> *Es, pues, conveniente que los esposos sellen su consentimiento en darse el uno al otro mediante la ofrenda de sus propias vidas, uniéndose a la ofrenda de Cristo por su Iglesia, hecha presente en el Sacrificio Eucarístico, y recibiendo la Eucaristía, para que, comulgando en el mismo Cuerpo y en la misma Sangre de Cristo, "formen un solo cuerpo" en Cristo (CIC 1621).*
>
> CCC *1621*

Cada Misa tiene dos partes: la Liturgia de la Palabra y la Liturgia de la Eucaristía. Cuando la Iglesia celebra un rito especial dentro de la Misa (una "Misa ritual"), coloca el acto del Matrimonio entre ambas partes. Así, la unión de la pareja queda enmarcada y resaltada. La Misa es bastante normal, pero con adaptaciones y algunos añadidos.

Actualmente la estructura es la siguiente:

I. Ritos introductorios
II. Liturgia de la Palabra
III. Declaración del consentimiento (intercambio de votos)
IV. IV. Liturgia eucarística
V. V. Bendición nupcial
VI. Recepción de la Santa Comunión
VII. Ritos conclusivos

Ritos introductorios

Hay dos formas en que los novios pueden acercarse al altar.

1. La novia y el novio son recibidos por quien preside la ceremonia (sacerdote o diácono) en la puerta de la iglesia. Después, mientras se entona el canto de entrada, todos avanzan en procesión: primero los acólitos, después los ministros, quien preside y la pareja, la cual puede ser acompañada por sus papás y/o los dos testigos (por lo general, la dama y el caballero de honor más importantes).
2. El sacerdote es acompañado por los acólitos hasta su silla y los demás participantes hacen algo semejante. Cuando la novia y el novio han llegado a sus lugares, quien preside les da la bienvenida.

Las bodas y el año litúrgico

Si bien las parejas pueden tener preferencias de tipo logístico, sentimental o del estilo acerca de la fecha de su boda, la Iglesia prefiere que no se celebren bodas en Cuaresma, Adviento u otros días de penitencia. La connotación en cierta forma negativa de estas fiestas no refleja ni acompaña correctamente la naturaleza gozosa de un matrimonio. Si tienes una razón legítima para no evitar estos tiempos, explícale tu situación y preferencias a tu párroco o a quien presidirá la boda. De cualquier forma, las bodas siempre se celebran con vestiduras blancas o doradas para simbolizar el gozo, la luz y la pureza.

En las culturas antiguas, los matrimonios eran vistos más bien como un contrato económico o político entre familias, de donde se originó la tradición de que el padre "entregaba la novia" al novio que la esperaba. Pero, como la doctrina católica sostiene que la novia y el novio son partes iguales y se dan a sí mismos el uno al otro, se les invita a entrar en la iglesia juntos, o al menos, uno siguiendo al otro. Como ellos son los ministros de este Sacramento, es apropiado que ambos estén al final de la procesión.

En ambas formas, quien preside les da la bienvenida e invita a la asamblea a apoyarlos con su afecto, amistad y oración. Pide al Señor que mande su ayuda desde el cielo y los proteja. No hay acto penitencial en una boda, pero sí se canta el Gloria.

La colecta

La oración inicial, llamada la colecta, ise adapta para la boda. Hay seis opciones, las cuales hablan de cosas como:

- el pacto de la boda refleja el sacramento de Cristo y su Iglesia
- confirmar el amor entre el esposo y la esposa;
- la Iglesia se enriquece con nuevos fieles;
- y la unión matrimonial en mutuo afecto, afinidad de pensamiento y santidad compartida.

Liturgia de la Palabra

La Escritura proclama la fidelidad a la alianza de Dios a lo largo de la historia. Abundan los pasajes a elegir y es costumbre que la novia y el novio lo hagan. Cada lectura refleja una enseñanza bíblica sobre el matrimonio, sus fundamentos y sus bendiciones.

Después del Evangelio hay una homilía, que debe hablar del misterio del Matrimonio cristiano, la gracia del Sacramento y las responsabilidades de los esposos. Toda homilía debe aplicar la Escritura a algún aspecto particular de nuestra vida y aquí debe centrarse en la dignidad del amor conyugal.

Reflexionen en una de las lecturas de la boda

Elijan alguna de las lecturas del Ritual del Matrimonio y léanla juntos. Completen las siguientes frases y después reflexionen sobre sus respuestas juntos.

- La palabra o frase que más me llama la atención es…

- El personaje con el que más me identifico es…

- Para mí, el mensaje central del texto es…

- Llevo a la práctica esta lectura haciendo…

Declaración del consentimiento

A continuación se hace el primer añadido: la celebración del matrimonio. Consta de cuatro pasos, cada uno relacionado con expresar el consentimiento. Si son dos o más parejas las que están celebrando su matrimonio en la misma ceremonia, los pasos 2-4 deben hacerse de forma individual para cada una.

1. **Invitación para expresar sus intenciones (escrutinio)**.
   El sacerdote le recuerda a la pareja que han venido a la Iglesia para comprometerse con el matrimonio y recibir la bendición y fuerza del vínculo sagrado, de forma que se puedan ser fieles el uno al otro y a las responsabilidades propias de la vida matrimonial.

2. A cada pareja se le hacen **tres preguntas sobre sus intenciones**:
   a. *¿Han venido aquí a contraer Matrimonio por su libre y plena voluntad y sin que nada ni nadie los presione?*
   b. *¿Están dispuestos a ser fieles el uno al otro en el Matrimonio, durante toda la vida?*
   c. *¿Están dispuestos a recibir de Dios, responsable y amorosamente, los hijos, y a educarlos según la ley de Cristo y de su Iglesia?*

3. *Declaración del consentimiento:* **se pronuncian los votos**. El consentimiento es un acto de la voluntad, pero el consentimiento interior se debe expresar en los votos. Las parejas no pueden modificar sus votos porque **la fórmula que usan debe expresar lo que la Iglesia entiende por consentimiento y reflejar aquello a lo que los esposos están dando su consentimiento**. Pueden pronunciar alguna de las formas disponibles o quien preside puede "obtener el consentimiento de la pareja a través de preguntas" (Rito del Matrimonio).

4. ***Aceptación del consentimiento:*** quien preside recibe el consentimiento de los esposos en nombre de la Iglesia y pide a Dios que lo fortalezca.

   ¿Cuáles son las cosas a las que los esposos dan su consentimiento, prometen cumplir y aceptan? Al amor y fidelidad que cada uno le está ofreciendo al otro, a perder los derechos exclusivos a sí mismos, a ser un signo sacramental del amor de Dios y al nuevo papel que ellos asumen ante la Iglesia y el mundo.

Bendición y entrega de los anillos

En el lenguaje teológico, un sacramento está compuesto de materia y forma, y mientras la forma es por lo general una palabra dicha, la materia puede ser tanto una sustancia física (agua, pan, aceite) como un acto que pueden percibir los sentidos. En el Matrimonio, la materia del sacramento es el consentimiento expresado en el momento de intercambiar los votos.

Los anillos son un símbolo del nuevo vínculo, del amor y fidelidad que se han creado.

Oración universal

Como el Matrimonio afecta a muchas personas – familias, amigos, comunidades– es bueno que la **oración de los fieles** de la boda (comúnmente llamada "peticiones") tenga en cuenta a todas esas personas. Se invita a los novios a escoger peticiones ya hechas o a escribir las suyas propias bajo la guía de quien presidirá la ceremonia. Por supuesto, debe haber una oración por los recién casados; pero las peticiones también deben abarcar a todas las personas casadas, familiares y a las familias de todo el mundo, los pobres y sin techo, la defensa de la santidad de la vida humana y unidad entre los cristianos.

Ruega por nosotros

Una manera común de preparar las peticiones es reflexionar en tus diversos círculos sociales y espirituales, y en sus respectivas y aparentes necesidades, empezando por los que están más cerca de ti hasta los que están más lejos y teniendo en cuenta necesidades personales, de la sociedad y de toda la humanidad.

Área	Personal	Sociedad	Humanidad
Iglesia	Parroquias, clero y prácticas espirituales	Diócesis, obispos, sacramentos y doctrina	La o las Iglesias de todo el mundo, los pobres, los marginados y los oprimidos.
Cívica o social	Compañeros de trabajo o de escuela, vecinos, conocidos de clubes sociales.	Líderes políticos o de empresa, necesidades locales o estatales.	Agencias nacionales o internacionales, líderes de la industria.
Matrimonio	Novio y novia	Amigos casados y familia	Esposos, esposas, matrimonios cristianos.
Familia	Padres, hermanos, hijos.	Abuelos, primos, familia política.	Familiares lejanos o muertos, la Iglesia doméstica, la humanidad.

Junto con tu novio o novia, elige un grupo, tema o causa por el que te gustaría pedir y rellena cada recuadro con nombres concretos, frases o necesidades.

Área	Personal	Sociedad	Humanidad

Escribe tu oración, convirtiéndola en una petición.

Petición: ______________________________

____

____

____

...oremos al Señor.

Señor, escucha nuestra oración.

Liturgia de la Eucaristía

Hay cuatro plegarias eucarísticas y cada una tiene una parte fija y otra variable. Las partes variables se centran en la dignidad del pacto matrimonial como un signo permanente del amor de Dios y nos recuerdan que Dios nos ha creado a nosotros –y al Matrimonio– por un amor al cual ahora se nos llama.

Después de la **plegaria eucarística** y del **padrenuestro**, pero antes de la Comunión, tiene lugar la segunda parte añadida a la Misa. Se trata de la **bendición nupcial**, para la cual la esposa y el esposo se acercan al altar o se arrodillan en su lugar. El que preside invita a aquellos que están presentes a pedir para que el Señor conceda su gracia a la novia y al novio, y para qué el Espíritu Santo descienda sobre ellos. La bendición pide a Dios que conceda a la novia y al novio observar los Mandamientos, ser irreprochables en todo lo que hacen, dar auténtico testimonio de Cristo y que sean bendecidos con hijos.

Se tiene el **saludo de la paz** y se recibe la **Comunión** si el matrimonio se tiene dentro de la Misa. La **oración después de la Comunión** invoca la ayuda de Dios para los nuevos esposos y la **bendición final**, también en la versión adaptada para los esposos, concluye la Misa. Las diversas oraciones piden para que Dios los conserve unidos en un solo corazón, encuentren la paz de Cristo siempre en sus casas y para que estas se conviertan en testimonios de caridad y sean un descanso para los que se acercan a ella en necesidad.

La salida consiste simplemente en caminar hacia la puerta de salida de la iglesia, con los recién casados al frente de la procesión.

Profundicemos un poco

A menudo se dice que el Matrimonio implica a tres personas: la novia, el novio y Dios. Si aplicamos la "aritmética" Trinitaria, entonces habría cinco personas. El Padre estableció el matrimonio natural como una unión entre un hombre y una mujer en una carne, para ser sus ministros de omnipotencia y co-creadores. El Hijo elevó esta institución a la dignidad de sacramento, haciendo de él un signo de su misteriosa unión con la Iglesia. Y el Espíritu acompaña a los esposos en su camino hacia el cielo. Después de todo, el Matrimonio da vida a otros y, a través de ello, rodeados por el cuidado y protección de la Iglesia, los esposos encuentran su completa realización humana.

Materiales para planear la boda

Los siguientes materiales te ayudarán a elegir y organizar los diversos aspectos de tu boda. Si bien aquí se contempla que la boda se tendrá dentro de la Misa, pueden hacerse las adaptaciones necesarias de acuerdo con tu situación concreta. La parroquia o quien presidirá la ceremonia pueden darles otras listas y recursos.

Hora, tiempo, lugar

Boda Día ____________________

Misa/ceremonia Hora ____________________

Parroquia / capilla ____________________

Dirección ____________________

Recepción Hora(s) ____________________

Lugar de la recepción ____________________

Dirección ____________________

El banquete se tendrá en ____________________

La fiesta de boda

A menudo, la fiesta de bodas comprende a parientes cercanos y amigos con lugares de honor y puede incluir a niños que llevan los anillos, flores y otros objetos particulares. A parte de la novia, el novio, el que preside y los dos testigos, esas personas no son necesarias desde el punto de vista litúrgico.

Novio ______________________ Novia ______________________

Padres del novio ______________________ Padres de la novia ______________________

______________________ ______________________

______________________ ______________________

Preside ______________________

Testigo / caballero de honor ______________________

Testigo / dama de honor ______________________

Asistentes a la fiesta

______________________ ______________________

______________________ ______________________

______________________ ______________________

______________________ ______________________

______________________ ______________________

Ministros de la boda

Estas personas realizan funciones litúrgicas y pueden ser seleccionadas y nombradas previamente; algunos de los participantes pueden realizar varias funciones, como el que preside la ceremonia u otros invitados.

Acomodador(es) o gente que recibe a los invitados (también conviene tener un libro de visitas, un programa o recordatorios). ______________________________

____

Acólito(s)

____

____

Cantor / músico(s) (si la boda se tiene durante la Misa, se recomienda tener músicos que conozcan la música litúrgica en vez de músicos normales o grabaciones).

____

____

Lector o lectores (se necesitan de uno a tres, uno para la primera lectura, otro para la segunda y otro para la oración de los fieles).

____

____

Ministros de la Eucaristía (puede ser una pareja o una familia la que lleve los dones del ofertorio).

____

____

El rito

Rito de entrada / procesión

Escoge una opción

1. El que preside recibe a la novia y al novio en la puerta de la iglesia

2. El que preside recibe a la novia y al novio en el altar
(el que preside no forma parte de la procesión).

3. La novia y el novio entran a la Iglesia en este orden:
    - Acólitos y ministros
    - El que preside
    - Invitados
    - Testigos y/o los papás
    - Novia y novio

4. La novia y el novio entran a la iglesia seguidos por (el orden normal es el que sigue):
    - Acólitos y ministros
    - El que preside
    - Invitados
    - Novio, seguido por [papás o testigos]
    - Novia, seguida por [papás o testigos]

Liturgia de la Palabra

Primera lectura, Antiguo Testamento

Génesis 1:26-28, 31: "Y creó Dios al hombre a su imagen; a imagen suya lo creó; hombre y mujer los creó".

Génesis 2:18-24: "No es bueno que el hombre esté solo (...). Por eso el hombre abandonará a su padre y a su madre, y se unirá a su mujer y serán los dos una sola carne".

Génesis 24:48-51, 58-67: "Isaac llevó a Rebeca a la tienda (...) y la tomó por esposa y con su amor se consoló".

Tobías 7:6-14: "Según la ley de Moisés a ti se te debe dar. El cielo mismo lo ha decretado. Cásate, pues, con tu hermana; desde ahora tú eres su hermano, y ella, tu hermana".

Tobías 8:5-7: "Señor, si yo tomo por esposa a esta hermana mía, no es por satisfacer mis pasiones, sino por un fin honesto. Compadécete, Señor, de ella y de mí, y haz que los dos juntos vivamos felices hasta la vejez".

Proverbios 31:10-13, 19-20, 30-31: "Dichoso el hombre que encuentra una mujer hacendosa: muy superior a las perlas es su valor".

Cantar de los cantares 2:8-10, 14, 16; 8:6-7: "Grábame como un sello en tu brazo, como un sello en tu corazón".

Eclesiástico 26:1-4, 13-16: "Dichoso el marido de una mujer buena...".

Jeremías 31:31-34: "Voy a poner mi ley en lo más profundo de su mente y voy a grabarla en sus corazones".

Salmo responsorial (estos himnos del antiguo Israel están llenos de imágenes relacionadas con el matrimonio)

- Salmo 33
- Salmo 34
- Salmo 103
- Salmo 112
- Salmo 128
- Salmo 145
- Salmo 148

Segunda lectura, Nuevo Testamento

Romanos 8:31-35, 37-39: "¿Qué cosa podrá apartarnos del amor con que nos ama Cristo?".

Romanos 12:1-2, 9-18: "Los exhorto a que se ofrezcan ustedes mismos como una ofrenda viva, santa y agradable a Dios porque en esto consiste el verdadero culto. (...). Que el amor de ustedes sea sincero.

Romanos 15:1-3, 5-7, 13: "Que Dios, fuente de toda paciencia y consuelo les conceda a ustedes vivir en perfecta armonía unos con otros"

1 Corintios 6:13-15, 17-20: "¿O es que no saben ustedes que su cuerpo es templo del Espíritu Santo?".

1 Corintios 12:31-13:8: "El amor es comprensivo, el amor es servicial y no tiene envidia".

Efesios 5:2, 21-33: "Maridos, amen a sus mujeres como Cristo amó a su Iglesia".

Filipenses 4:4-9: "Alégrense siempre en el Señor; se lo repito: ¡alégrense!

Colosenses 3:14: "Y por encima de todo esto, revístanse del amor, que es el broche de la perfección".

Hebreos 13:1, 4: "Que el amor fraterno perdure... Tengan todos en gran respecto el matrimonio..."

1 Pedro 3:1–9: "Tengan todos unos mismos sentimientos, sean compasivos, ámense como hermanos..."

1 Juan 3:18–24: "Y este es su mandamientos: que creamos en el nombre de su Hijo, Jesucristo y que nos amemos unos a otros...".

1 Juan 4:7–12: "Amémonos unos a otros, porque el amor es de Dios...Si nos amamos unos a otros, Dios permanece en nosotros y su amor ha llegado en nosotros a la perfección".

Apocalipsis 19:1, 5–9: "Han llegado las bodas del Cordero y su Esposa se ha engalanado".

Aclamaciones del Evangelio (versículos para el Aleluya) (todos están tomados de 1 Juan 4)

"Todo el que ama ha nacido de Dios..."

"Dios es amor..."

"Si nos amamos los unos a los otros, Dios permanece en nosotros"

"Quien permanece en el amor, permanece en Dios...".

Evangelio

Mateo 5:1-12: Las Bienaventuranzas

Mateo 5:13-16: "Ustedes son la luz del mundo".

Mateo 7:21, 24-29: "No todo el que me diga: '¡Señor, Señor!, entrará en el Reino de los cielos, sino el que cumpla la voluntad de mi Padre...".

Mateo 19:3-6: "...lo que Dios ha unido, que no lo separe el hombre".

Mateo 22:35-40: "Amarás al Señor, tu Dios, con todo tu corazón..."."

Marcos 10:6-9: "De modo que ya no son dos, sino una sola carne".

Juan 2:1-11: Las bodas de Caná

Juan 15:9-12: "Este es mi mandamiento: que se amen los unos a los otros como yo los he amado".

Juan 15:12-16: "Nadie tiene amor más grande a sus amigos que el que da la vida por ellos".

Juan 17:20-26: "Yo les he dado la gloria que tú me diste, para que sean uno, como nosotros somos uno (...) que el amor con que me amas esté en ellos y yo también en ellos".

Consentimiento / votos

Yo, N., te acepto a ti, N., como mi esposa y prometo serte fiel en las alegrías y en las penas, en la salud y en la enfermedad, y amarte y respetarte todos los días de mi vida.

Responder "acepto" a las preguntas del que preside (las preguntas son distintas, si uno de los esposos no está bautizado).

Bendición de los anillos

El Señor bendiga † estos anillos que van a entregarse el uno al otro en señal de amor y de fidelidad. Por Jesucristo nuestro Señor

Oración universal (oración de los fieles)

Estas peticiones deben pedir por la Iglesia, por la paz en el mundo, por los nuevos esposos, por los enfermos y los difuntos. Hay oraciones ya preparadas que la pareja puede escoger o la misma pareja puede componerlas con la asesoría de quien presidirá la ceremonia o puede prepararlas él mismo.

Aprovechen esta oportunidad para pedir su ayuda a María y a los santos. Algunas parejas incluyen una "letanía de los santos", escogiéndolos de entre los santos favoritos para los novios, sus familias y su comunidad. Estas letanías pueden ser recitadas, cantadas o interpretadas por un coro.

Véase la actividad de la página 46.

Música para la boda

Habla con tu parroquia y/o con quien va a presidir la ceremonia antes de la boda. Esto a menudo requiere reunirse por separado con el director de los cantos o con los músicos para hablar de los arreglos. Hay diversos estilos de música para escoger, por ejemplo, música tradicional, contemporánea, clásica, etc.

Procesión de entrada ____________________

Gloria ____________________

Salmo responsorial ____________________

Tipo de Misa ____________________

- Aleluya ____________________
- Santo, Santo ____________________
- Aclamación después de la consagración ____________________
- Gran amén ____________________
- Cordero de Dios ____________________

Ofertorio ____________________

Comunión ____________________

Procesión de salida ____________________

Otros cantos (indicar título/compositor y parte de la ceremonia en que se cantarán). ____________________

____

____

Otras personas que participan en la boda

La naturaleza sagrada de una iglesia y la liturgia del Matrimonio exigen que se respeten ciertos criterios en la decoración, los folletos que se ofrecen a los participantes y los equipos para grabar la ceremonia. Pregunta a quien va a presidir la ceremonia o a la parroquia sobre los criterios específicos que deben seguir tanto en la ceremonia como en la forma de usar la iglesia.

Organizador principal / coordinador ______________________

Fotógrafo / encargado de grabar en video ______________________

Florista ______________________

Encargado de preparar los folletos para la ceremonia
(tipo de papel, de letra, etc).______________________

____

Invitados ______________________ Hospedaje ______________________

Baker / Caterer ______________________

____

DJ / Encargado de la música en la fiesta o recepción ______

____

____

____

Para la reflexión personal y en común

1. Comenten entre ustedes de qué forma ven su boda como un acto de culto.

2. ¿Qué piensan de que la novia y el novio entren a la iglesia juntos?

3. Comenten entre ustedes cuál es la definición de "consentimiento". ¿Cómo pueden saber que alguien está dando realmente su consentimiento? ¿Tienen algún ejemplo de otro momento en sus vidas en que hayan dado su consentimiento?

4. Imaginen que la boda ha terminado y que ustedes ya están casados. ¿Qué tipo de bendición nupcial esperarían por parte de la Iglesia?

5. Hablen de los temas que a cada uno de ustedes le gustaría que estuviera presente en las lecturas litúrgicas de su boda. Antes de que hubieran leído la lista de textos posibles, ¿vino a su mente algún otro texto de la Escritura?

Reflexiones personales

La comunicación en el matrimonio

David A. Smith, PhD

En este capítulo...

- La comunicación y comprensión no son solo una forma de hablar.
- La comunicación es una habilidad que se puede aprender.
- Siempre busca y di la verdad.

Comencemos con una boda –las bodas de Caná– donde Jesús comenzó su ministerio público y realizó su primer milagro (Jn 2:1-11). Este pasaje del Evangelio nos ofrece un hermoso ejemplo de comunicación para contemplar. Comienza, "En aquel tiempo, hubo una boda en Caná de Galilea, a la cual asistió la madre de Jesús. Este y sus discípulos también fueron invitados" (v.1-2). La extraña redacción del texto parece sugerir que María y Jesús no estaban juntos en la boda. María se dio cuenta primero de la falta de vino y después tuvo que encontrar a Jesús para informárselo. El diálogo es muy breve: cada uno dice solo una línea:

María le dijo a Jesús:
"Ya no tienen vino".

Jesús le contestó:
"Mujer, ¿qué podemos hacer tú
y yo? Todavía no llega mi hora".

Pero ella dijo a los que servían:
"Hagan lo que él les diga".
(v. 3-5)

Para entender bien este diálogo, debemos ir más allá de las palabras. Jesús dice que no, pero eso también implica que la petición de María no es razonable. Aparentemente, Jesús no tiene pensado iniciar su ministerio o realizar un milagro aquí y ahora. Lo que María pide a Jesús no es una tarea sencilla o de poca envergadura. Si hubiera sido así, la hubiera hecho sin mayor problema. Lo que María pide es algo mucho más serio y parece saber que Jesús encontrará la forma de hacerlo, pero no antes de que el impulso humano a negarse haya superado sus labios. María parece ir un paso adelante de Jesús, empezó bien.

Observen lo siguiente. Ninguno de los dos:

- necesitaba "discutir".
- refutó un punto o defendió una postura.
- se enojó o adoptó una postura defensiva.
- invitó a otra persona a fungir como juez o jurado.

Ahora pregúntense:

- ¿Cómo lo lograron?
- ¿Por qué es tan difícil para los esposos hablar así y entenderse el uno al otro?
- ¿Qué podemos hacer para que nuestra comunicación fluya con tanta serenidad cuando no estamos de acuerdo?

La comunicación es una habilidad

Las personas algunas veces se oponen al cambio o se resisten a adaptarse a nuevas situaciones diciendo que solo se están comportando con naturalidad. Se equivocan al pensar que el problema es la persona y no la acción que esta realiza y creen que la única solución es reemplazar a su cónyuge por otro. **Pero la finalidad de la comunicación no es solo decir lo que tú piensas, sino llegar a una comprensión recíproca.** Si lo que nos viene natural fuera eficaz, no habría problemas en la vida. Por tanto enfocarte en la manera en que afrontas los problemas es mejor que enfocarte en sus causas. Afortunadamente, es más fácil modificar comportamientos que las carencias de una personalidad

Una buena comunicación crea relaciones con muchos y difíciles parches. Lleva tiempo y práctica, pero las alternativas –decir que un esposo o una relación están estructuralmente dañadas, son irreconciliables o defectuosas– no llevan a mejorar la vida matrimonial ni a la felicidad.

Escribe **"e"** en las afirmaciones que haya escuchado y **"d"** en las que haya: dicho. Escribe **"a"** en las sentencias que hayan dicho ambos.

_____ No debería haberle dicho a él/ell (o "esto no se debería hacer sin decir también").

_____ Hablar (o comunicarse) debería ser algo que se hace de forma espontánea.

_____ Él/ella debería saber.

_____ Él/ella simplemente no me entiende

_____ Si él/ella no entiende, no es mi culpa.

_____ Si él/ella no entiende, entonces no me ama.

Comunicación efectiva

Los esposos a menudo pueden predecir exactamente como se desarrollarán sus discusiones algunas veces si hacen transcripciones literales de las mismas. No tiene sentido seguir adelante con esas conversaciones. Pueden ser frustrantes y dejar problemas sin resolver. Una comunicación más frecuente solamente es beneficiosa cuando se hace bien.

La práctica no hace a algo perfecto; lo perfecto se hace cuando la práctica es perfecta.

Las parejas que se encuentran estancadas en su relación necesitan cambiar algo: el lugar en el que hablan, cuándo deben hablar de los temas espinosos, hablar más del futuro que del pasado, etc. Cualquier cambio podría hacer que las cosas mejoraran.

¿Están estancados?

1. ¿Sobre qué cosas discuten una y otra vez?
2. ¿Cuáles son sus desacuerdos y conflictos más grandes?
3. ¿Podrías citar alguna discusión reciente y recurrente palabra por palabra? ¿En qué momento todo empeora?
4. ¿Eres poco honesto sobre tus errores o te niegas a ceder y a sacrificarte?
5. ¿Qué cambios pequeños podrías hacer ahora mismo?

¿Quieres que me comunique bien contigo siempre?

Imagina que vas caminando por la banqueta después de una tormenta de invierno. Puedes estar caminando de forma normal, pero cuando llegas a una parte con hielo que no puedes evitar, disminuyes la velocidad, bajas tu centro de gravedad, arrastras los pies y te concentras en pasar por el hielo sin hacerte daño. Una vez que estás en el otro lado, vuelves a caminar a la velocidad de antes, vuelves a tus pensamientos y vuelves a caminar de forma natural.

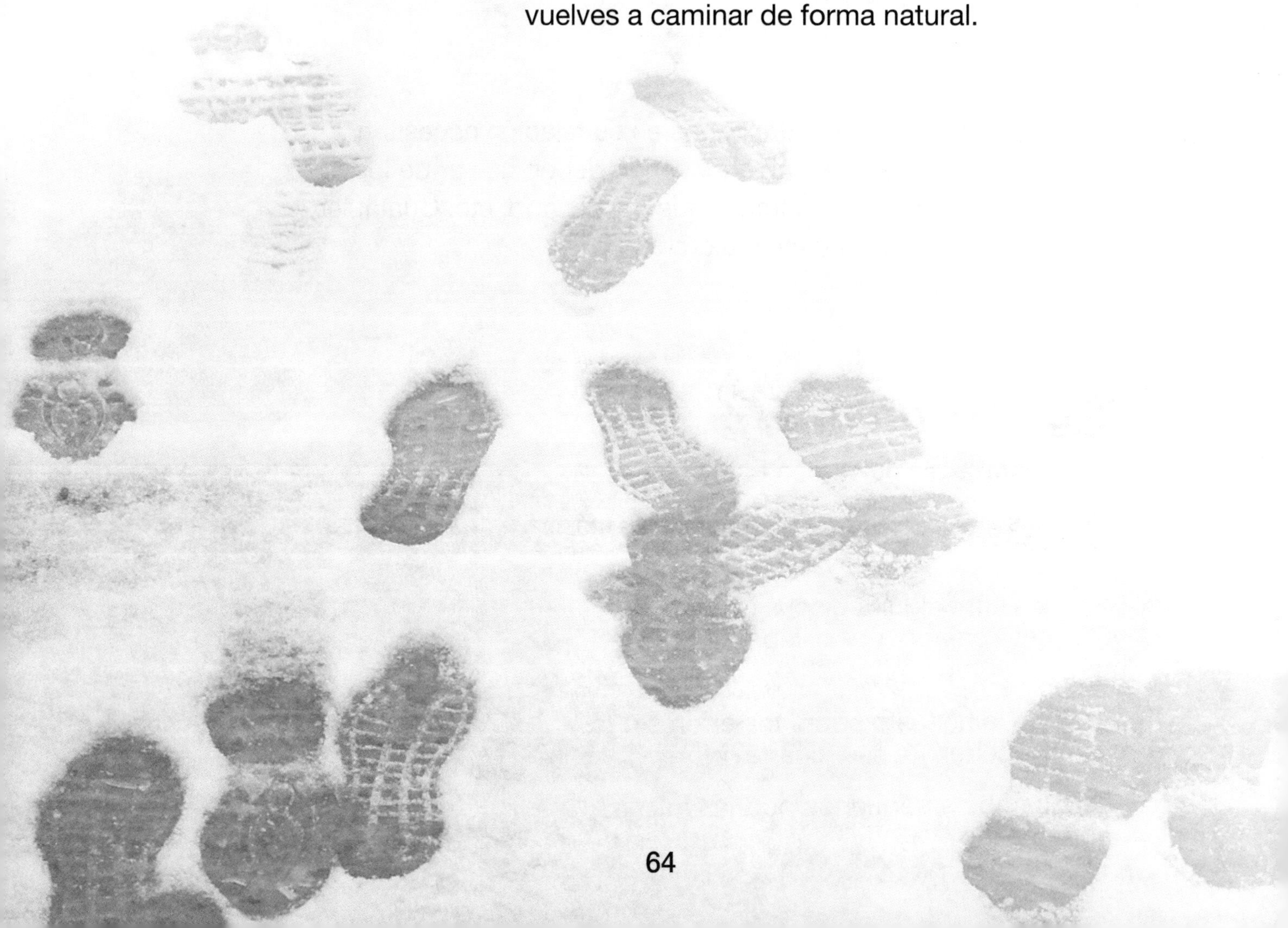

Habla y busca la verdad

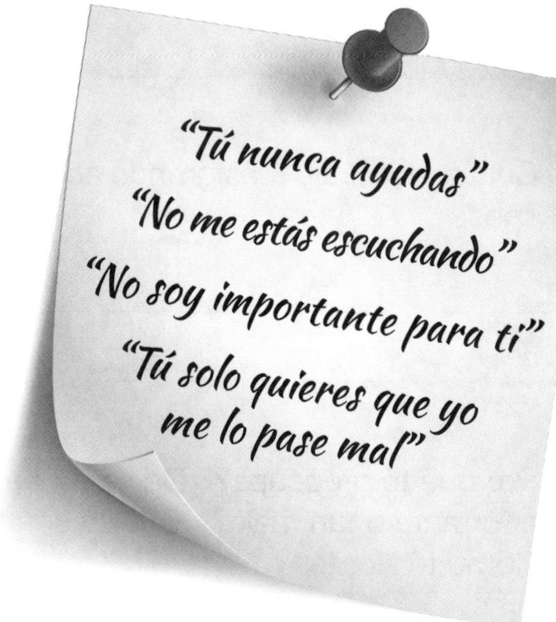

En las terapias matrimoniales, afirmaciones como las que aparecen a la derecha se llaman distorsiones cognitivas, porque hablan de la forma en que piensa uno de los esposos sobre el otro y sobre las cosas que pasan en el matrimonio. En realidad, **ninguna de estas afirmaciones es verdadera.** No solo no son verdaderas, sino que también es seguro que provocarán una respuesta defensiva en el otro y fácilmente se neutralizan con otro ejemplo. ¿Dónde está el secreto? **En que los sentimientos que están detrás de esas afirmaciones son auténticos** y los sentimientos requieren más esfuerzo para ser expresados con precisión.

Cuando estés en una conversación difícil o te sientas enojado, sigue los siguientes pasos. He aquí un ejemplo.

1. Cálmate. Escucha tus propias palabras e identifica tus pensamientos y sentimientos.
   Por ejemplo: *"Estoy enojado/a porque él nunca hace nada en casa".*
2. Pregúntate, "¿dónde está la verdad?".
   Por ejemplo: *"Él ayuda algunas veces, pero quiero que me ayude más, sobre todo después del trabajo cuando estoy tratando de preparar la cena".*
3. Transforma lo que quieres en una comunicación verdadera y útil. Pregúntate:
   a. ¿De todo esto, qué cosas sí son verdad?
   b. ¿Mi forma de pensar por mi lenguaje es improductivo, exagerado o alejado de la realidad?
   c. ¿Mi postura puede provocar una respuesta defensiva?

   Por ejemplo: *"Después del trabajo, me siento con hambre, cansada y distraída. Realmente me sería muy útil un poco de ayuda mientras estoy preparando y llevando la cena a la mesa".*
4. Reconoce lo que es bueno. Concéntrate en lo positivo, describe lo que quieres y propón soluciones.

   Por ejemplo: *"Apreció toda tu ayuda, sobre todo los fines de semana, pero en los días de trabajo, ¿podrías cuidar a los niños o poner la mesa mientras termino de hacer la cena?".*

¡Inténtalo ahora!

1. ¿Cuál es tu queja más grande acerca de tu futuro esposo? ______________________

____

____

2. ¿Por qué te preocupa? ¿De verdad es algo tan importante o tan malo? ¿Cuáles son los hechos? ¿Cómo te sientes? ______________________

____

____

3. ¿No estarás exagerando, te estará faltando objetividad o estarás siendo demasiado crítico o crítica? ¿Estoy simplemente quejándome, reaccionando de forma exagerada o acusando?

____

____

____

4. ¿Cómo puedo describir los hechos, los comportamientos y los sentimientos de forma que reflejen la verdad? ¿Qué está bien y qué quiero cambiar? ¿Qué puedo hacer para que eso suceda?

____

____

____

Cuando los dos estén listos, compartan sus respuestas, primero uno y después el otro. Deja que el otro reaccione y responda a lo que tú dices sin interrumpir, cambiar el tema o suspender el ejercicio. Los "Pasos para resolver un problema" pueden ayudar:

Pasos para resolver un problema

1. Identifiquen / aclaren el problema. Eviten enunciar el problema de manera abstracta (por ejemplo, "hay falta de confianza"). Puede ser que no sea verdad y sin embargo ¡es posible que no estén del todo en desacuerd
2. Hagan una tormenta de idea para encontrar soluciones. Pongan todas sus opciones sobre la mesa sin juzgarlas.
3. Escojan una solución y aplíquenla por un determinad período de tiempo.
4. Analicen si funcionó. Si se saltan este paso, pueden tardarse más en encontrar una verdadera solución; en cambio, si hacen ajustes pueden ser más eficaces y tener mejores resultados.

Verdadera honestidad

Las conclusiones que la gente saca a partir de una mala comunicación pueden ser muy dañinas. Las conclusiones extremas o precipitadas a menudo hay que traducirlas para que se ajusten a la verdad. Si esto se hace de manera habitual, los pensamientos espontáneos tarde o temprano se ajustarán a la realidad y darán lugar a mejores respuestas. Podrías pensar que esto equivale a deformar o incluso negar tus sentimientos. Incluso podría parecerte falta de honestidad pensar o sentir algo y decir algo distinto; pero reconsiderar tus conclusiones –e incluso cambiarlas– es parte de la búsqueda de la verdad.

Piensa, por ejemplo, en el racismo. Con el tiempo y con la experiencia, la gente con prejuicios se dio cuenta de que esa forma de pensar no era correcta y los abandonaron. Con cambios pequeños, pero significativos, los pensamientos equivocados cesan y son reemplazados por la verdad.

Pasar al terreno de la honestidad

¿Tú...	o...
❑ simplemente expresas tus sentimientos?	❑ dices tu interpretación de esos sentimientos?
❑ dices que te sientes frustrado o desanimado?	❑ dices por qué te sientes de ese modo (haciendo referencia por lo general a una acción o hecho)?
❑ dices lo que tu esposo o esposa hace?	❑ dices lo que es tu esposa o esposo? (le pones etiquetas o lo ofendes)
❑ describes tus sentimientos?	❑ hablas de los sentimientos de alguien más (quizás sin saber las cosas a ciencia cierta)?
❑ distingues hechos de opiniones?	❑ consideras tus observaciones y tus opiniones como completamente ciertas?

La verdad no se mide por la intensidad de un sentimiento, la fuerza de una convicción o la repetición o popularidad de una afirmación o creencia. Y hablar de ellas o defenderlas como si fueran hechos más que teorías no es algo honesto. Se requiere humildad para aceptar que algunas de las cosas en que tú crees no son verdad. La mayor parte de los temas implican a otra persona (y por ello otra perspectiva) con una misma convicción de estar en lo correcto. E incluso cuando parece que el asunto solo te afecta a ti, siempre está la persona de Jesús quien es "el camino la verdad y la vida" (Jn 14:6).

Por último, **no es completa honestidad compartir cualquier pensamiento, sentimiento o detalle**. Revelar bruscamente todo puede ser poco apropiado o incluso infantil. Si lo pensamos bien, hay pequeñas faltas de honestidad en frases como, "te ves bien" o "estoy de acuerdo", y las decimos todo el tiempo. Si ustedes quieren un matrimonio en el que los esposos no se estén hiriendo constantemente, deben escoger sus palabras, ponderar su efecto y evitar ser desconsiderados.

Escuchar

Este capítulo solo ha tratado las cualidades de "el que habla" en contraste con las cualidades de "el que escucha". Los papeles del que habla y del que escucha se alternan frecuentemente en las discusiones matrimoniales. Algunos hablan de papeles en el que uno enseña y el otro aprende. Para algunas personas las cualidades del que escucha o aprende les parecen difíciles de adquirir, posiblemente porque es difícil reconocer y aceptar puntos en los que no estamos de acuerdo y es difícil escuchar con atención sin refutar lo que escuchamos. Saber escuchar, sin embargo, tiene un grandísimo impacto y resuelve más de un problema

Los que hablan necesitan:

- ceñirse al tema.
- ser concisos.
- asegurarse de que se les entiende.

Date ____/____/____

Los que escuchan deben:

- estar abiertos escuchando con atención.
- decir con sus propias palabras lo que escuchan sin añadir o deformar lo que el otro dijo.
- centrarse en entender lo que el otro está diciendo.

Perdón y reconciliación

Una de las cosas más difíciles de decir y de escuchar es, "lo siento", y el perdón es un aspecto esencial del matrimonio. La mejor forma de crecer en la capacidad de perdón entre los esposos y dentro de las familias es precisamente practicando el perdón.

1. Reflexiona en el **Examen de conciencia** que aparece a la izquierda en silencio y a solas. Pide al Espíritu Santo que te ayude a verte como Dios te ve: imperfecto, pero digno de amor.
2. Busca uno o dos actos o decisiones por los cuales necesitas que te perdone tu futura esposa o esposo.
3. Reúnanse a solas como pareja. Den tiempo para que cada uno pida y reciba el perdón.
   - [Nombre], te he hecho daño u ofendido al…
   - Te amo y nunca quise herirte.
   - Te ruego tu perdón y prometo evitar que se repita.
   - Quisiera ofrecer una reparación por…
4. Antes de la boda, acérquense al **Sacramento de la Reconciliación** juntos. Si bien no van a escuchar la confesión del otro, al ir juntos tendrán un sentido de responsabilidad mutua y les permitirá acercarse al Matrimonio comenzando.

Examen de conciencia

† ¿Coloco a Dios en el primer lugar? ¿Oro, le pido su ayuda y tengo en cuenta sus caminos y voluntad en mi vida diaria?

† ¿Lleno mi mente de cosas buenas, de la verdad y belleza? ¿Hablo bien de Dios y trato las cosas santas con reverencia? ¿Mis palabras dan gloria a Dios?

† ¿Voy a Misa los domingos? ¿Dedico tiempo a acercarme más a Dios, gozar de la creación, hacer lecturas espirituales o divertirme sanamente? ¿Me doy a mí mismo suficiente descanso y tranquilidad?

† ¿Honro a mi familia y le ofrezco el cuidado que necesita? ¿Obedezco a la autoridad y cumplo con mis deberes y obligaciones?

† ¿Soy bondadoso y compasivo? ¿Daño a otros con mis actos y decisiones? ¿Cuido mi cuerpo y mi salud? ¿Me embriago, consumo drogas o químicos dañinos?

† ¿Evito las influencias impuras o las tentaciones? ¿Me involucro o apoyo prácticas sexuales pecaminosas? ¿Respeto el sexo y el correcto lugar para la procreación dentro del matrimonio?

† ¿Pido los permisos necesarios y devuelvo todo lo que me prestan? ¿Reconozco los méritos de los demás? ¿"Robo" tiempo acortando los tiempos de trabajo, llegando tarde o yéndome temprano?

† ¿Soy honesto? ¿Miento para mi propio beneficio y provecho? ¿Evito los chismes, la difamación y el escándalo?

† ¿Promuevo la equidad y justicia? ¿Evito los excesos y la avaricia? ¿Desperdicio los recursos?

Para la reflexión personal y en común

1. Traten de recordar algún momento incómodo por algún conflicto que hayan tenido entre ustedes. ¿Qué hábitos de buena comunicación recuerdan haber usado? ¿Qué otros hábitos se podrían haber aprovechado mejor?

2. Hablen entre ustedes de los buenos y malos hábitos de comunicación que aprendieron en sus familias. ¿Cómo se afrontaban los conflictos en sus casas: abandonando el diálogo o aislándose, dando más tiempo para hablar sobre los problemas, gritando, juzgando, escuchando o respetando las opiniones del otro?

3. ¿Reflexionen sobre su propio modo de comunicarse. Consideren lo siguiente: lenguaje corporal, expresiones faciales, tono de voz, sarcasmo, sentido del humor, saber escuchar y la afirmación positiva o negativa del otro. ¿Cuál de todos estos creen que es el que más usan? Compartan sus respuestas entre ustedes.

4. ¿Qué hábitos de comunicación buenos ven en el otro? Den un ejemplo.

5. Comiencen por practicar cuidadosamente los hábitos de comunicación y el diálogo honesto con su futura esposa o esposo. Practiquen los puntos subrayados en este libro y dense tiempo para hablar de los temas de la fe, la familia, el amor y las finanzas.

Reflexiones personales

La familia de origen

Coleen Kelly Mast

En este capítulo…

- Armonizar las diferencias mientras se fortalecen las nuevas relaciones
- Los cuatro temperamentos
- Llegar juntos a la mejor versión de ustedes mismos

Cada persona humana llega al ser en la concepción y fue creada por amor para llegar a conocer el amor de Dios y compartirlo con otros. En pocas palabras, **Dios es nuestro origen y nuestro destino**. El matrimonio es una vocación, una expresión particular del amor de servicio y el día de su boda, Dios te confía a tu esposo o esposa, su obra de arte única, para que la valores y respetes todos los días.

Los esposos traen consigo al matrimonio a su familia de origen, consciente o inconscientemente. Tu "familia de origen" es básicamente la familia en la que creciste, la que satisfizo tus necesidades básicas y dónde aprendiste a comunicarte y manejar tus emociones. Puede incluir también tu familia extendida o adoptada, o cualquier comunidad en la cual tú descubriste y desarrollaste tu identidad, los principales rasgos de tu personalidad y tus convicciones religiosas, sociales o políticas. **Cada familia y cada miembro de una familia es irrepetible en su genética, hábitos, cualidades y costumbres.** Como las partes del cuerpo, Dios los bendijo con diversos dones del Espíritu Santo.

Entre ti y tu futura esposa o esposo, puede haber distintos trasfondos étnicos, raciales, o religiosos que necesitan armonizarse. Muchas veces estas diferencias son sencillas, placenteras y atractivas: nuevos tipos de comida, nuevas costumbres y vínculos familiares, nuevas formas de descansar. Pero también hay retos: comprometerse en las tradiciones de los días de fiesta, explicar la propia fe a los familiares o aprender costumbres sociales o lenguas totalmente distintas. Ya sea que tú quieras adoptar estas cosas que son distintas a las de tu niñez o repetir lo que aprendiste en casa, **esta es su nueva vida en común y pueden hacer de ella lo que quieran** en un esfuerzo por servir mejor a Dios juntos.

Patrones emocionales para relacionarse

Una de las principales preocupaciones ante un nuevo matrimonio a menudo son los patrones emocionales para relacionarse al que uno o ambos esposos se acostumbraron en su niñez. Estas relaciones mantienen a las familias unidas, sin importar si son positivas o negativas.

Relaciones insanas

- Evitar los conflictos
- Competir entre sí
- Retirar la palabra
- Desconfiar del otro
- Guardarse secretos o reservarse información
- Criticar al otro constantemente
- Culpar a los demás en vez de admitir las propias debilidades

Relaciones sanas

- Acoger al otro con alegría
- Decir siempre al otro dónde estás
- Ofrecer muestras físicas de afecto y tener contacto visual
- Valorar las amistades de la familia
- Trabajar juntos en proyectos o en tareas del hogar
- Orar e ir a la Iglesia juntos regularmente
- Tratar siempre de resolver las diferencias para evitar que los problemas se hagan más grandes
- Hacer del perdón un hábito
- Afirmarse el uno al otro

El matrimonio es una oportunidad para desarrollar nuevos hábitos positivos. Piensen en los hábitos que adquirieron en su niñez y tengan en cuenta lo que llevan al matrimonio de su pasado, así como la forma en que el otro reacciona ante estos hábitos. **Eviten usar la excusa "yo soy así"** cuando se trate de un hábito que pueda dañar su amor y consideración para con el otro. Los hábitos o rasgos temperamentales dañinos y las falsas conclusiones amenazan el matrimonio y su llamado a la igualdad y la unidad.

¿Qué harías?

Llevar problemas sin resolver al matrimonio o tener expectativas r realistas sobre el otro seguramen les va a causar problemas a amb esposos.

1. A Saúl le gusta hacer bromas de una manera que daña los sentimientos de su esposa. Para él es solo un juego y no entiende por qué su esposa se enoja tanto.

2. Cuando Isabela era chica, en su casa había muchos sarcasmos. Su esposo se ha dado cuenta de que lo usa mucho cuando están juntos. Algunas veces, no está seguro de cuándo está hablando en serio y de cuándo no.

1. *Si yo fuera la esposa de Saúl, entonces yo...*

2. *Si yo fuera el esposo de Isabela, entonces yo...*

Desde los primeros días de su matrimonio, sean conscientes del papel que juegan sus familias de origen en su forma actual de comportarse. **Busquen ayuda y traten de superarse constantemente** a través de la confesión frecuente, la dirección espiritual y formación, la ayuda de los profesionales, los talleres para enriquecer el matrimonio y convivir con otros matrimonios que funcionan bien.

3. *Si yo fuera Cristian y Emilia, entonces...*

4. *Si yo fuera el esposo de Joanna, entonces...*

5. *Si yo fuera la esposa de David, entonces...*

3. El matrimonio de Cristian y Emilia está construido sobre la esperanza de que las ofensas desaparecerán por sí mismas. Cristian odia admitir que está equivocado y cree que el problema termina cuando se acaba la pelea. Ella más bien espera a que él entre en razón o hace las cosas a su manera, a pesar de las consecuencias, en vez de tomar tiempo para hablar con profundidad sobre los desacuerdos.

4. Joanna está acostumbrada a gritar, a dar respuestas ásperas; es "de mecha corta". Admite que le cuesta trabajo controlar sus emociones, pero también necesita compartir lo que siente y lo que piensa.

5. Cuando David era niño, tuvo que ajustarse a las altas expectativas de sus padres y sigue esperando mucho de sí mismo y de otros. Al ver su descontento por pequeños errores, su esposa siente una presión indebida por complacerlo y le preocupa pensar cómo va a reaccionar cuando sus hijos intenten algo y fracasen.

Fidelidad a la nueva familia y familia política

Los matrimonios exitosos están formados por esposos que son fieles primero a su cónyuge que a su familia de origen, desde el día de su boda en adelante. Una pareja que se convierte en "en una sola carne" en el matrimonio puede aún respetar y ser fiel a ambas familias de origen, mientras hagan de su matrimonio y familia propia una prioridad. Si hay un conflicto entre tu esposa o esposo y tus padres, haz todo lo que puedas para resolver el conflicto. Ten cuidado de nunca criticar a tu esposo o esposa ante tus papás o hermanos.

Tres formas de crecer en la confianza y en la fidelidad:

1 *Tiempo.* Ofrécele cualquier tiempo libre que tengas a tu esposa o esposo en primer lugar. Si deseas hacer algo con tus papás o hermanos, pregúntale si le gustaría acompañarte.

2 *Amor y servicio.* Si prefieres cortar el pasto del jardín de tu mamá, cuando aún no ha sacado la basura en tu propia casa, entonces no estarás fortaleciendo tu matrimonio.

3 *Esfuerzo.* Dedica el mejor tiempo del día, la mayor atención y el mejor esfuerzo a tu matrimonio y a tu nueva familia. Cuando se trata de fidelidad y prioridades, las acciones dicen mucho más que las palabras. Confía en Dios en que tu familia de origen sabrá respetar tu nueva vida.

Armonizar distintos temperamentos

De la misma forma que un dueto puede producir mejores melodías que un solista, los temperamentos armonizados de una pareja pueden producir algo muy bello. La mayoría se siente atraída hacia una persona cuyas virtudes admira o incluso desea adquirir. Ustedes pueden aprender uno del otro y ayudar al otro a ser mejor, sobre todo cuando ven a su esposo como un don y un enriquecimiento, y no como una molestia u obstáculo.

Su temperamento es tanto un don de Dios como una forma de ser heredada de sus antepasados. **No importa cuál sea tu temperamento, puedes escoger crecer en las virtudes de forma que seas más feliz y tengas una familia feliz**. El crecimiento en la virtud y la fortaleza interior se convierten en tu propio "carácter" a medida que te conviertes en una persona de principios, utilizando tu mente, tus emociones y circunstancias para poner en práctica tu deseo de hacer el bien. Este buen carácter es lo que hace a muchos santos.

Comprender el temperamento de cada uno de ustedes puede darles pistas y hacerles más fácil armonizar sus fortalezas y debilidades. Antes de la boda, muchas parejas han realizado tests de personalidad o estudios prematrimoniales como el Myers-Briggs, FOCCUS o el examen PREPARE/ENRICH.

También, muchos grandes santos, como santo Tomás de Aquino y san Francisco de Sales, han escrito sobre los temperamentos y sobre cómo conocerlos puede ayudar a nuestro crecimiento espiritual. Casarse con alguien que tiene un temperamento opuesto al nuestro puede ser bueno solo si el esposo o esposa está dispuesto a tomar esos rasgos temperamentales como un don para su matrimonio. Conforme los años pasan, uno de los esposos puede comenzar a usar de forma equivocada las diferencias para dañar al otro, creando división en vez de unidad. Si decides que te prefieres a ti mismo, a tu "forma de ser" y tratas de justificar tus críticas en vez de amar al otro como es, vas a perder la oportunidad de hacer que tu esposo o esposa se sienta seguro y aceptado.

Los cuatro temperamentos básicos

Hipócrates, un antiguo filósofo y médico griego, identificó cuatro temperamentos, atribuyendo a cada uno de ellos uno de los fluidos que están dentro del cuerpo.

❶ El temperamento **sanguíneo** era considerado el más lleno de vitalidad debido a una sangre rica y de calidad.

❷ El temperamento **colérico** era el propio de un líder o activista debido a que tenía grandes cantidades de "cloro" o de bilis amarilla.

❸ El temperamento **melancólico** era propio de gente más seria debido a que tenían una sangre o bilis negra o más oscura.

De una manera más sencilla, podemos describir los cuatro temperamentos así:

❶ El **comunicativo** (sanguíneo): el que dice "vamos todos juntos y pasémosla bien" o el que ama la *socialité*

❷ El **emprendedor** (colérico): el "esto sale porque sale" o el líder

❸ El **pensador** (melancólico): el "las cosas hay que hacerlas bien" o el perfeccionista

❹ El **observador** (flemático): el "no es para tanto" o pacífico

❹ El **flemático**, llamado así por la palabra "flema" o espeso, sangre lenta, era considerado una persona con un temperamento que se movía más lento.

Por supuesto, nadie tiene un solo temperamento. Se trata más bien de mezclas donde dominan los rasgos de un temperamento y otros son secundarios. Además, ningún temperamento es el mejor.

En un matrimonio cristiano, ofrecemos la riqueza de nuestras fortalezas como un don para ayudarnos a crecer a nosotros mismos y a nuestro cónyuge. También podemos ayudarnos entre nosotros para evitar caer en problemas debidos a los defectos de nuestro temperamento.

La humildad, la verdad sobre lo que se es ante Dios, es la solución para apreciar sus diferencias. Ofrezcan sus dones con amor y paciencia, siendo un compañero que ayuda a su esposo o esposa, no un papá o mamá. Recuerden que su amado es un don de Dios, un don que les ayudará a conocerse mejor a sí mismos, a perfeccionarse y a llegar al cielo. Su crecimiento en la virtud hace visible el amor de Dios hacia su pareja y ustedes también se vuelven más atractivos.

❶ Los **comunicativos** son personas a las que les gusta la diversión y se adaptan fácilmente. Creen que la gente que se toma las cosas demasiado en serio necesita relajarse, no meterse donde no le llaman o encontrar algo que los divierta. Se aburren cuando están solos porque ellos dan energía y la reciben de otros. Son sociables, amigables y expresivos. Su estado de ánimo cambia rápidamente y perdonan con facilidad. En su lado negativo, a menudo exageran, son inquietos y tienen poca fuerza de voluntad, son impuntuales y poco formales. Tienen un carisma que atrae a los demás y los hace buenos vendedoress.

❷ Los **emprendedores** son independientes, tienen mucha fuerza de voluntad y toman decisiones fácilmente. Por lo general son muy prácticos, valerosos y tienen una gran visión y energía para conseguir lo que quieren. Cuando están ocupados en sus tareas, a menudo pueden ser fríos o poco amables, dominantes o sarcásticos. A menudo tienen problemas con su orgullo y creen tener siempre la razón. Su confianza en sí mismos es atractiva a otros, son optimistas y buenos líderes en su trabajo.

❸ Los **pensadores** a menudo son muy inteligentes y se inclinan naturalmente al arte y la música. Tienen mucha capacidad de análisis y por lo general les va bien en la escuela. Les gusta hacer bien las cosas, son leales y están dispuestos a sacrificarse a sí mismos. Les gusta reflexionar sobre la vida y analizar las cosas a fondo. Pueden ser quisquillosos, egoístas o poco prácticos, rígidos y legalistas cuando alguien quiere comprometerlos. Son idealistas y su inteligencia hace de ellos grandes estudiosos o investigadore.

❹ Los **observadores** son buenos diplomáticos, profesores o técnicos. Es el temperamento más accesible. Aunque son más introvertidos, a menudo tienen un buen sentido del humor que atrae a las personas. Son leales, fiables, prácticos y agradables. Como les gusta más ver que participar, hace falta motivarlos para que se pongan a trabajar. Pueden evadir tomar decisiones, pero por lo general hacen una buena aportación si los demás son pacientes y los apoyan.

Cuadro de los temperamentos

El siguiente cuadro organiza los principales rasgos de cada temperamento.

1. Encierra en un círculo aquellos rasgos que te describen a ti.
2. Encierra en un círculo de otro color los rasgos que describen a tu prometido o prometida.
3. Menciona algunos momentos en que tú ves a tu prometido mostrando ese rasgo de su personalidad.
4. Reflexionen sobre cómo sus fortalezas y debilidades podrían hacer que ustedes tuvieran una vida armónica cuando estén juntos.

	1. Sanguíneo	**2. Colérico**	**3. Melancólico**	**4. Flemático**
Descripción general	Le gusta jugar. Ingenioso, fácil de trato, optimista. Evita ponerse metas. Le gusta mandar. Extrovertido y abierto.	Tiende más a la acción que al análisis. Decidido, organizado. Le gusta dirigir. Extrovertido y abierto.	Le gustan las metas. Es analítico. Perfeccionista A menudo introvertido, habla en voz baja, pesimista.	Le gusta jugar pero es pesimista, intrrtido, habla en voz baja. No le gusta mandar, analizar o planear. No le gusta planear. Le gusta la paz y el silencio. Quiere respeto y poca presión en el trabajo.
Deseos	Diversión	Control	Perfección	Paz
Cuando trabaja con otros	Necesita atención, aprobación y afecto de los demás. Trae alegría. Le gusta celebrar.	Leal, busca la estima de los demás. Le gusta el control Quiere alabanzas y reconocimiento. Quiere que se le tenga en cuenta.	Es ambicioso, el perfeccionismo lo lleva a sufrir tensiones. Le gustan los trabajos difíciles, deja a otros las tareas más sencillas. Muy crítico porque para él la precisión es importante.	Le gusta estar en casa (porque en casa todo está bajo control). Deja a otros tomar las decisiones y es bueno para seguir a otros.
Generalmente controla por…	encanto personal.	amenazas de mal humor.	amenazas de ira.	posponer las tareas (evita el estrés)

	1. Sanguíneo	2. Colérico	3. Melancólico	4. Flemático
Fortalezas	▪ Buen compañero ▪ Sabe trabajar en equipo. ▪ Extrovertido ▪ Sensible ▪ Amigable, cálido ▪ Buen conversador. ▪ Entusiasta ▪ Sensible a las necesidades de los demás.	▪ Líder natural ▪ Trabajador ▪ Con fuerza de voluntad ▪ Independiente ▪ Con visión de futuro ▪ Práctico ▪ Productivo ▪ Decidido	▪ Trabajador ▪ Detallista ▪ Talentoso ▪ Analítico ▪ Sensible a la belleza ▪ Capaz de sacrificarse ▪ Laborioso ▪ Disciplinado	▪ Le gustan los trabajos tediosos ▪ Le gustan los trabajos solitarios ▪ Calmado, silencioso ▪ Fácil de trato ▪ Confiable ▪ Objetivo ▪ Diplomático ▪ Eficiente
Debilidades	▪ No le gusta ir al grano. ▪ No le gustan las actividades solitarias. ▪ Impuntual a menudo. ▪ Indisciplinado ▪ Emocionalmente inestable ▪ Improductivo ▪ Egocéntrico ▪ Exagerado ▪ Usa el dinero de manera irresponsable.	▪ Puede ser impaciente, desconsiderado. ▪ Tiende a ver a los otros como medios para alcanzar un fin. ▪ Puede ser frío y poco cálido. ▪ Autosuficiente ▪ Impetuoso ▪ Dominante ▪ Tardo para perdonar. ▪ Sarcástico ▪ Fácil a la ira ▪ Cruel	▪ Incapaz de abandonar proyectos hasta que no son perfectos. ▪ Le desagrada cometer errores. ▪ Crítico ▪ Tardo para perdonar. ▪ De ánimo inestable. ▪ Egoísta ▪ Tiende a sentirse perseguido. ▪ Rencoroso ▪ Teoriza fácilmente ▪ Antisocial ▪ Negativo ▪ Crítico	▪ Le cuesta trabajo empezar a trabajar. ▪ No le gusta trabajar bajo presión. ▪ No se motiva a sí mismo. ▪ Le falta motivación. ▪ Le gusta dejar las cosas para después. ▪ Egoísta ▪ Tacaño ▪ Fácilmente se pone a la defensiva. ▪ Indeciso ▪ Miedoso ▪ Se preocupa mucho.
Cómo tratarlos	▪ Ponlos a trabajar con otros. ▪ Dales seguimiento.	▪ Usar sus iniciativas. ▪ Dejar que aporten ▪ Prestar atención a sus fortalezas	▪ Cuando mencionan los problemas, lo hacen porque quieren ayudar. ▪ Toma sus objeciones en serio. ▪ Ten en cuenta sus sentimientos	▪ Muéstrales cómo hacer las cosas. ▪ Evita los cambios de planes imprevistos. ▪ Ayúdalos a manejar el estrés. ▪ Cuando dicen “no”, es “no”.
Santos y ejemplos de la Biblia	San Pedro Salomón Moisés	Santa Teresa de Ávila San Ignacio de Loyola San Francisco de Asís	San Pablo Santo Tomás Moro Santa Teresa de Lisieux	Abraham Santo Tomas de Aquino Santa Bernardette Soubirous

Convertirnos en la mejor versión de nosotros mismos: una rutina para estar en forma

Tu cuerpo no es simplemente un contenedor para tu alma. Es una persona humana completa, cuerpo y alma. Dado que nos entregamos a nosotros mismos en el matrimonio, necesitamos ser el mejor regalo que podamos ser en cuerpo, alma y espíritu.

Para cada aspecto que aparece abajo, tu "rutina de ejercicios" puede incluir comportamientos y actividades que hagan a solas o como pareja. Anota los "ejercicios" que ya hacen, después añade un nuevo objetivo que podría contribuir todavía más a tu salud integral. Se ofrecen algunos ejemplos.

Emocional	**Objetivo:** entender y manejar los sentimientos expresándolos de manera sana, sin reprimirlos.	**Ejemplo:** Abstenerme de insultar	**Ejercicios actuales:**	**Objetivo:**
Social	**Objetivo:** tener relaciones sociales que te conduzcan a Dios y saber armonizarlas con tus obligaciones dentro del matrimonio	**Ejemplo:** Asistir al cumpleaños de mis amigos	**Ejercicios actuales:**	**Objetivo:**
Intelectual	**Objetivo:** desarrollar tu inteligencia y creatividad; crecimiento académico y artístico	**Ejemplo:** Terminar estudios pendientes.	**Ejercicios actuales:**	**Objetivo:**
Mental	**Objetivo:** fomentar pensamientos positivos; ponerse metas y alcanzarlas	**Ejemplo:** Terminar lista de invitados a la boda, agradecer el presupuesto y los amigos que tengo.	**Ejercicios actuales:**	**Objetivo:**
Físico	**Objetivo:** mantener un buen estado de salud y condición física; fortalecer el cuerpo, hacerlo más flexible y resistente	**Ejemplo:** Clase semanal de zumba y partido de softball.	**Ejercicios actuales:**	**Objetivo:**
Espiritual	**Objetivo:** crecer en el amor a Dios y a los demás todos los días. Analizar tu vida a la luz de la fe y de la verdad, alcanzando una mayor comprensión y práctica de la fe	**Ejemplo:** Cada fin de semana, hacer una pequeña oración y repasar un pasaje de las lecturas de la boda.	**Ejercicios actuales:**	**Objetivo:**

No están solos

Celebramos los matrimonios con fiestas, bodas hermosas y elegantes recepciones. Los invitados reciben a los nuevos esposos con alegría y les prometen su apoyo. Este apoyo no termina con el regalo de bodas. Su familia y amigos los apoyarán en los malos momentos y reirán con ustedes en los buenos. **Es una buena idea que los matrimonios pasen tiempo con otros matrimonios que también viven los valores cristianos.** Todos necesitamos el apoyo y la motivación de un buen ejemplo.

La Iglesia también estará ahí para apoyarlos. Aprovechen las oportunidades que tengan a la mano para enriquecerse como matrimonio. Pueden contactar a su sacerdote, a su párroco o al personal de la parroquia cuando lo necesiten. Ellos desean encontrar parejas de recién casados en Misa.

Aunque hay muchas parejas que ya están practicando su fe, el sacramento del matrimonio algunas veces se convierte en una "llamada divina" para renovar prácticas religiosas o espirituales que podrían estar un poco abandonadas. La Iglesia se alegra de verlos volver y en la mayoría de las parroquias y diócesis hay clases para formarse en la fe, estudios bíblicos, grupos de oración y cursos de preparación para los sacramentos, incluyendo el Rito de Iniciación Cristiana para Adultos (RICA).

Algunos recursos que pueden tener en casa para crecer en su fe son la Biblia, el Catecismo y diversos medios de comunicación católicos (si no tienen una Biblia católica, asegúrense de poner una en la mesa de regalos). Cuando tengan problemas más serios, no duden en buscar ayuda profesional en consejeros católicos, psicólogos y doctores. Deben cuidar su matrimonio y tener la ayuda que necesitan antes de que los problemas se hagan más grandes. **Su matrimonio es importante para Dios, para cada uno de ustedes, para la Iglesia y para la sociedad.**

¡RECUERDEN SU VALOR TODOS LOS DÍAS!

Para la reflexión personal y en común

1. ¿Cuáles fueron las fortalezas de sus padres y de su educación en casa? ¿Cuáles fueron las debilidades? ¿Qué es lo que más valoran de su futuro esposo o esposa y de su relación?

2. ¿De qué forma el lugar que ocuparon en su familia y las experiencias de su infancia les ayudaron a ser las personas que son ahora? Hablen entre ustedes de las diferencias y semejanzas que encuentran.

3. ¿Qué cosas de su infancia les gustarían que se repitieran ahora en su matrimonio? ¿Qué cosas les gustaría que no?

4. ¿Qué diferencias y retos en su relación ven actualmente? ¿Hay algo que hagan o digan que hiera los sentimientos de tu prometido? ¿Por qué? Ayúdense entre ustedes para entender mejor lo que está pasando.

5. Compartan sus respuestas a las siguientes preguntas:
   a. ¿Qué tan a menudo nos ves visitando a nuestras respectivas familias durante nuestros primeros años de matrimonio?
   b. ¿Cómo te gustaría dividir y compartir las obligaciones y tareas del hogar?
   c. ¿Qué tipo de vacaciones te gustan? ¿Qué tan seguido y por cuánto tiempo te gusta salir de vacaciones?
   d. ¿Hay algo acerca de tu saludo, de tu expediente médico o del pasado de tu familia que podría ayudarme a entenderte mejor y a apoyarte?
   e. ¿Cuáles son tus medios favoritos para crecer en la fe católica?

Reflexiones personales

Dinero y matrimonio

Phil Lenahan

En este capítulo…

- El espíritu de servicio y generosidad cristianos les dan el criterio para manejar sus finanzas.
- Hagan un presupuesto común y un plan económico.
- Los ahorros y creación de riqueza son necesarios.

El manejo del dinero puede ser un obstáculo crítico y a menudo desagradable– para el equilibrio y armonía de su matrimonio. Los estudios siguen mostrando que el dinero es una de las tres principales causas de conflictos matrimoniales. En el momento de comenzar este viaje que durará toda su vida, reflexionen y decidan cómo van a usar el dinero que ganen, qué inversiones van a hacer y qué ahorros. Si no hacen esto, es probable que tengan muchos problemas. Mientras más pronto hagan juntos su plan económico, mejor.

Por desgracia, mucha gente se gradúa de la escuela sin que se les hayan enseñado alguna vez cómo manejar sus recursos. **Incluso aquellos que son buenos para manejar el dinero, lo deben usar con otra persona con los mismos derechos para gastarlo y que puede tener otra forma de pensar.** El uso eficaz del dinero se reduce a unas ideas básicas. Este capítulo aborda algunas dificultades relacionadas con el bienestar financiero. En el fondo, todo se reduce a dos aspectos:

1. La relación entre la fe y el uso del dinero
2. Las herramientas financieras necesarias para manejar sus recursos como matrimonio

Además, para fortalecer su bienestar económico, estos principios y hábitos fortalecerán también su relación con Dios y con el otro. Recuérdenlo: su matrimonio no tiene que ver solo con ustedes dos; la alianza matrimonial incluye también a Dios, quien les ofrece la luz que necesitan para cumplir con sus responsabilidades.

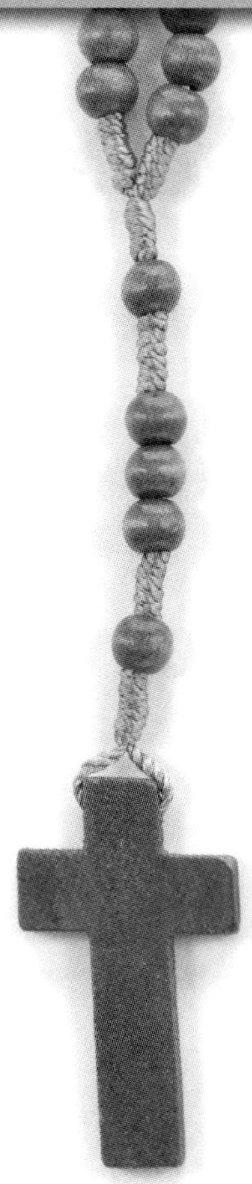

Fe y finanzas

Todas las parejas necesitan definir los principios que seguirán cuando al usar su dinero. ¿Seguirán los criterios del mundo que centran todo en uno mismo y hacen énfasis en la acumulación de cosas o seguirán la sabiduría de Dios y se centrarán en las relaciones y en las cosas que más importan a largo plazo?

Si están buscando luz sobre cómo quiere Dios que usen su dinero, la Biblia, el *Catecismo* y las enseñanzas de la Iglesia tienen cientos de referencias que nos presentan un mosaico sobre cómo debemos pensar y *actuar*. Ofrecen criterios sobre muchos temas, entre otros:

- La importancia de la comunicación, la honestidad y la unidad en el matrimonio.
- El papel que la generosidad juega para ayudarte a crecer en tu capacidad de amar a Dios y al prójimo.
- El valor del trabajo y la importancia de mantener una vida laboral equilibrada.
- Cómo hacer un plan que les ayude a definir prioridades y alcanzar sus metas de vida.
- Te ayudarán a entender que la deuda –mal usada– te mantendrá en una esclavitud financiera.
- Les ayudarán a entender el ahorro y la creación de riquezas con los ojos de la fe católica.

Mientras más sigan los principios de Dios, más completas y satisfactorias serán sus vidas.

Lo que dice la Palabra de Dios sobre el dinero

ISAÍAS 55:2

"¿Por qué gastar plata en lo que no es pan, y su jornal en lo que no sacia?"

Menciona tres cosas o servicios no esenciales que compras habitualmente.

1. __________
2. __________
3. __________

1 TIMOTEO 6:10

Porque la raíz de todos los males es el afán del dinero, y algunos, por dejarse llevar de él, se extraviaron en la fe y se atormentaron con muchos sufrimientos".

Menciona tres cosas que hacen difícil manejar o administrar el dinero.

1. __________
2. __________
3. __________

ECLESIÁSTICO 29:9-11

"Si quieres cumplir el mandamiento, acoge al indigente, y según su necesidad no lo despidas con las manos vacías. Por el hermano y amigo pierde tu dinero, que no se te enroñe inútilmente bajo una piedra. Utiliza tus bienes según los preceptos del Altísimo, y te dará más provecho que el oro".

Menciona tres formas de servir al pobre y de apoyar a los demás en sus necesidades.

1. __________
2. __________
3. __________

MATEO 25:26-27

"Mas su señor le respondió: 'Siervo malo y perezoso, sabías que yo cosecho donde no sembré y recojo donde no esparcí; debías, pues, haber entregado mi dinero a los banqueros, y así, al volver yo, habría cobrado lo mío con los intereses"

Menciona tres formas en que puedes ahorrar, invertir y prepararte para gastos futuros y emergencias.

1. __________
2. __________
3. __________

Administradores

El principio fundamental sobre el que se apoyan todos los demás es que Dios es el creador y verdadero dueño de todo cuanto existe (Dt 10:14; Sal 24:1). Él nos ha confiado la responsabilidad de ser sus administradores o "gerentes". El Catecismo nos describe como "administradores de la Providencia" (CIC 2404). Estas palabras captan la esencia de nuestra relación con el dinero. La responsabilidad de un administrador es manejar los recursos que se le han confiado siguiendo los criterios y deseos de su propietario. Una vez que hemos entendido esto –Dios es el creador y nosotros sus administradores–, la forma en que nos acercamos a las finanzas dentro del matrimonio tiene una dirección más definida. Con este nuevo criterio, podemos corregir nuestro plan financiero y dejar de discutir sobre algo que ni siquiera es nuestro. Este principio tan profundo contribuye también a crear una tranquilidad financiera en el hogar y permite al matrimonio fortalecerse más cada día.

La importancia de la generosidad

Ser agradecido y generoso es la clave para llevar a la práctica el gran mandamiento del amor a Dios y al prójimo (Mt 25:35-40). Dios quiere que seamos generosos porque sabe que eso nos ayuda a seguir nuestras prioridades (Mal 3:7-10). Pero la gente tiende a dar lo que les sobra, en lugar de sus primeros frutos (Prov 3:9). Según un estudio de 2013 hecho por Barna Group, el 55% de los americanos que dona dinero da $500 dólares o menos al año a las iglesias y organizaciones sin fines de lucro. Si bien la Iglesia no exige a los fieles el diezmo (dar el 10% de sus ingresos), apoyar a la Iglesia y a sus obras es una obligación (canon 222). La madre Teresa dijo una vez, "Da hasta que te duela", y esa es una buena regla.

El valor del trabajo

El trabajo es una parte muy importante de nuestra vida y su finalidad va mucho más allá que ganarse la vida y proveer a las necesidades de su familia. El trabajo nos ofrece la oportunidad de colaborar con el plan creador y redentor de Dios sobre la humanidad. Cuando usas los talentos que Dios te dio, te desarrollas a ti mismo como una persona digna y haces una contribución concreta al mundo.

La Escritura y el *Catecismo* dicen claramente que ese trabajo es un deber (Prov 6:6-11; Col 3:23-24; CIC 2427). San Pablo dice, "Si alguno no quiere trabajar, que tampoco coma" (2 Tes 3:10). Sobreentendiendo que no tenemos ninguna discapacidad, se espera que seamos capaces de proveer para nosotros mismos y para el bien común. Pero aprender a establecer prioridades de forma equilibrada, incluyendo las de la fe y la familia, es tan importante como el hábito de la laboriosidad. Dios nos dice claramente que nuestra relación con él es nuestra prioridad y que requiere tiempo.

En la medida de lo posible, hagan sus domingos diferentes del resto de la semana y esfuércense por que sean especiales para su familia. Si su trabajo exige que trabajen los domingos, asegúrense de cumplir sus obligaciones religiosas y de tomar tiempo para recargar baterías.

Debemos hacer que el sábado sea santo para…

- Descansar y relajarnos (Éx 20:9-11; CIC 2184-2185);
- Participar en Misa y recibir la Eucaristía cuando sea posible (CIC 2042, Canon 1247).

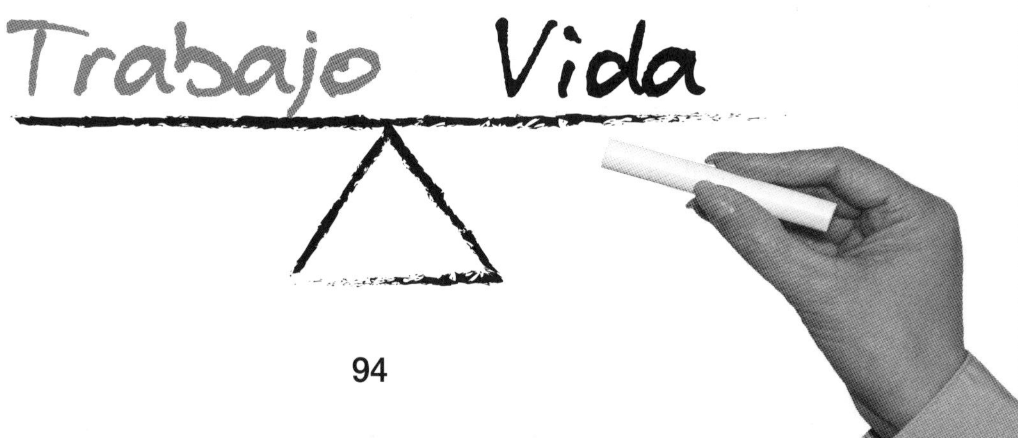

Claves para la unidad financiera

Al llevar a la práctica los consejos que aparecen en este capítulo, comenzarán un largo camino para alcanzar la unidad descrita en Génesis 2:24, que dice, "Por eso el hombre abandonará a su padre y a su madre, y se unirá a su mujer y serán los dos una sola carne". Un secreto para esta unidad será tener a Cristo al centro de su relación. Otro secreto es **ser siempre honestos y mantener abiertas las líneas de comunicación**. Es triste, pero hay una falta de honestidad en relación con el dinero en muchísimos matrimonios. Algunas veces esa falta de honestidad se manifiesta en no querer reconocer los propios errores financieros o se trata de ocultar un comportamiento problemático. Un matrimonio no puede durar si no hay sinceridad. Para fortalecer su comunicación y sentir más la responsabilidad, siéntense juntos y **hagan planes financieros anuales**. Tengan reuniones periódicas para analizar el progreso de sus finanzas, incluyendo una revisión de lo que están gastando por categorías comparado con el plan original.

La importancia de tener un plan

Si quieres alcanzar tus metas en la vida, necesitas un plan (Lc 14:28-30). La vida financiera de las personas es mucho más complicada que unas vacaciones; sin embargo, muchos dedican más tiempo a planear sus viajes que sus finanzas. Como resultado, no ahorran, contraen deudas improductivas y no logran que sus recursos estén en línea con la voluntad de Dios sobre ellos.

Uno de los mejores regalos que se pueden dar a sí mismos es preparar un presupuesto para el primer año de su vida matrimonial. Hay muchas formas de organizar un presupuesto, desde un sobre hasta programas de computadora. Cualquiera que sea el método que escojan, lo más importante es que les ayude. El más moderno y mejor de los programas no servirá de nada si no lo usan.

Un presupuesto eficaz les debe ofrecer una visión de conjunto. Usen un presupuesto anual que les permita saber en todo momento en donde se encuentran. Los ingresos y los gastos deben tener categorías asignadas y deben ayudarles a definir si sus ingresos y gastos están en equilibrio. El método que escojan también les debe permitir revisar sus gastos por prioridades, diciéndoles cuánto han gastado en cada categoría y cuál es el porcentaje de estos gastos en relación con sus ingresos generales.

Acuerdos prematrimoniales

Por lo general, si no puedes unir tu patrimonio con el de tu futuro o futura esposa, “para bien o para mal”, entonces es posible que quieran hablar de esto mientras se preparan para unirse en el pacto matrimonial. En algunos casos, puede haber circunstancias que aconsejen un acuerdo prematrimonial. Por ejemplo, si alguno de ustedes tiene trabajadores que dependen de él o de ella, y que podrían verse afectados en caso de divorcio, entonces un acuerdo prematrimonial puede ser algo prudente. Si su situación implica factores muy complicados, busquen el Consejo de asesores profesionales y hablen de las circunstancias con el sacerdote o diácono que los está preparando para su matrimonio.

Novio

Novia

Firmó en la presencia de:

Testigo

Ejemplo de presupuesto

Utilicen los siguientes porcentajes de partidas de gastos como un modelo para una familia de cuatro. En líneas generales, a medida que los ingresos aumentan, el porcentaje de impuestos también lo hace, mientras que los porcentajes de gastos generales deberían reducirse, dejando espacio para dar más dinero a obras de caridad y para ahorrar. Como cada situación es distinta, estas son solo líneas generales, pero estas incluyen el criterio de que ustedes son administradores de la Providencia.

Categoría	Porcentaje de los ingresos (objetivo)	Porcentaje de ingresos (real)
Obras de caridad (diezmo)	10%	
Ahorros	10%	
Educación (actual)	15%	
Education (actual)	3%	
Vivienda	30%	
Comida	10%	
Transporte	9%	
Doctor / dentista (excluyendo costo del seguro)	3%	
Seguro (médico – incluye lo que paga la empresa; seguro de vida)	3%	
Pago de deudas (deudas improductivas)	0%	
Ropa	2%	
Diversión	3%	
Varios	2%	
Total	**100%**	

Cómo afrontar las deudas

Para cada tipo de deuda que aparece abajo, cada uno debe dar un ejemplo de sus deudas personales y gastos. Reflexionen juntos sobre las preguntas que hay en cada categoría y determinen juntos si semejante deuda o gasto debería hacerse, modificar o evitar en su futuro matrimonio.

Vivienda

A largo plazo, los precios de los bienes raíces crecen un poco más que la inflación. Así lo demuestra la historia. Pedir un préstamo con un riesgo razonable para pagar una casa, por tanto, puede ser una buena decisión.

ÉL:

ELLA:

Pregúntense:

- $ ¿Tenemos suficiente dinero a disposición para pagar el enganche, las comisiones y las reparaciones inmediatas?
- $ ¿Las mensualidades del crédito, los impuestos y los gastos cotidianos del mantenimiento de una casa caben en nuestro presupuesto actual?
- $ ¿Cuánto espacio y qué características debe tener la casa que necesitamos?
- $ ¿Vamos a vivir mucho tiempo en este lugar?
- $ ¿Cuáles son nuestras razones para irnos a vivir allí?

DEUDA: aceptar modificar evitar

Tarjetas de crédito

Regularmente las compras es una herramienta muy práctica, debes estar atento para no usar el crédito en compras que no puedes pagar.

ÉL:

ELLA:

Pregúntense:

- $ ¿Estas compras son parte del presupuesto?
- $ ¿Pago la tarjeta de crédito por completo y a tiempo todos los meses?
- $ ¿Cuándo fue la última vez que hice una compra con tarjeta de crédito que me reportó un beneficio?

DEUDA: aceptar modificar evitar

Cómo afrontar las deudas *continúa*

Coches, segunda hipoteca y otros préstamos

Los coches nuevos pierden el 15% o más de su valor tan pronto como salen de la agencia. Lo mismo sucede con la mayor parte de las compras que se hacen usando la segunda hipoteca.

ÉL: ______________________________

____

____

ELLA: ______________________________

____

____

Pregúntense:

- $ ¿Cuál será el valor de esta compra en cinco años?
- $ ¿Puedo hacer esta compra en efectivo, incluso si eso significa esperar un poco? *Usen la metodología del fondo de reserva descrita más adelante en este capítulo.*
- $ ¿Existen otras formas más económicas de satisfacer mis necesidades (comprar objetos usados, reparar o actualizar en vez de reponer)?

DEUDA: aceptar modificar evitar

Educación

Los costos de la educación superior son altos y siguen creciendo. Si bien un título universitario sigue ofreciendo muchas ventajas, el valor real de tu título depende de muchas cosas.

ÉL: ______________________________

____

____

ELLA: ______________________________

____

____

Pregúntense:

- $ ¿Cuáles pueden ser mis expectativas tomando en cuenta mi campo y el mercado de trabajo? ¿Más o menos cuál es el salario que espero tener después de mi graduación?
- $ ¿El programa de estudios me ofrece las habilidades necesarias, el entrenamiento y experiencia? ¿Me ofrece la escuela asesoría de estudios, servicios y oportunidades para hacer prácticas?
- $ ¿Podría recibir una educación similar en una escuela menos costosa o a través de un programa técnico, intensivo o de medio tiempo?
- $ ¿Agoté ya todas las opciones para recibir ayudas financieras, incluyendo subvenciones y ayudas federales?

DEUDA: aceptar modificar evitar

La importancia de ahorrar

En Génesis 41, el faraón nombra a José para que guíe a Egipto administrado las cosechas para sobrevivir a siete años de carestía. ¿Qué hizo José? Apartó el exceso de la cosecha durante siete años de abundancia. El ejemplo de José nos ofrece una valiosa lección. Si bien uno podría pensar que es más fácil ahorrar para el futuro si el Señor nos dijera lo que va pasar en un sueño, como sucedió con el faraón, la realidad es **que la gente *conoce* muchas de sus obligaciones financieras futuras y aun así no sabe ahorrar:**

- ▸Emergencias y gastos inesperados
- ▸Coche de reserva
- ▸Mejoras a la casa y reparaciones
- ▸Bodas de los hijos
- ▸Universidad de los hijos y de los nietos
- ▸Retiro
- ▸Herencia de los hijos / nietos

La tentación de no tener en cuenta gastos futuros mientras gastamos el dinero en el presente conduce al endeudamiento. Cuando no logramos ahorrar para estos gastos futuros, terminamos pidiendo prestado para pagarlos y esos préstamos se convertirán en un obstáculo para que alcancemos nuestras metas financieras a largo plazo. **Una forma de administrar el dinero llamada "administración basada en un fondo de reserva" revolucionará nuestra economía.**

El concepto es muy sencillo:

1. Haz una lista de las cosas que necesitas basándote en una revisión a tus planes de vida.
2. Separa una cantidad apropiada de ahorros en tu plan anual de gastos para hacer esos gastos.

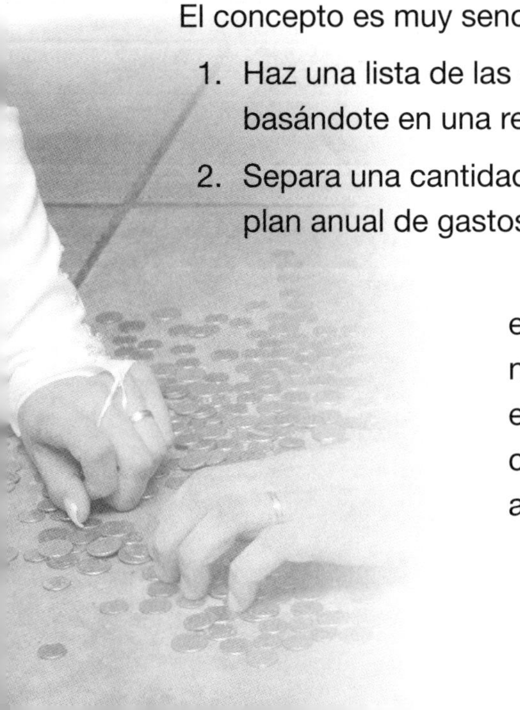

Al tener en cuenta estos ahorros en tu actual flujo de caja, efectivamente solo gastarás lo que sobra. Esto significa que no tienes tanto dinero para gastar ahora como tú creías. Tener esto en cuenta y cambiar tus hábitos de consumo de acuerdo con esto es imprescindible para hacer que esta forma de administración funcione.

Ejemplo de un fondo de reserva

Pongamos por ejemplo que tienen diversos proyectos para mejorar su casa y les gustaría ahorrar dinero para ello, de forma que los puedan tener terminados en cuatro años. Ustedes creen que esos proyectos van a costar $25,000 dólares. A ustedes les pagan cada dos semanas. El cálculo sería así:

Tiempo en que se hará la compra	Cuatro años
Precio estimado	$25,000
Ahorros anuales requeridos	$6,250
Frecuencia con que se recibe el sueldo	Quincenal (cada dos semanas o 26 veces al año)
Cantidad que deberá colocarse en el "fondo de reserva" cada pago de sueldo	$240.38

Afrontando el gasto de esta forma, podrán ahorrar los $25,000 que necesitan para hacer las mejoras en su casa dentro de cuatro años y lo habrán hecho sin haber pedido prestado. Esta forma de ahorrar se debe usar para todos los gastos que van más allá de un presupuesto anual.

Hijos y educación

Podrían pensar que una conversación sobre la educación de los hijos es prematura, pero es importante comenzar a pensar en una de las principales responsabilidades que tendrán: educar a sus hijos en la fe. Esto implica educarlos durante sus años de formación. El *Catecismo* dice: "El papel de los padres en la educación 'tiene tanto peso que, cuando falta, difícilmente puede suplirse'. El derecho y el deber de la educación son para los padres primordiales e inalienables".

Hablen entre ustedes sobre cómo piensan cumplir esta responsabilidad (es decir, darles a sus hijos una educación católica: educación en casa, escuelas públicas con una formación en la fe extra) y cómo esta gran responsabilidad (y posiblemente gran gasto) encaja en sus prioridades financieras. Si ambos trabajan actualmente, vivan con el sueldo de uno y ahorren todo el del otro. No solo aprenderán el arte del ahorro, en el futuro le será mucho más fácil a uno de ustedes quedarse en casa, ya sea todo el tiempo o parte del tiempo una vez que nazcan sus hijos.

Si gastan ambos sueldos desde el inicio, les resultará extremadamente difícil cambiar su estilo de vida cuando sus gastos se incrementen y sus ingresos disminuyan.

Vivir con un solo ingreso

Si bien es difícil para las familias salir adelante con un solo ingreso, te puede sorprender saber que en muchos casos, un segundo ingreso puede convertirse también en un costo más. Es fácil pensar que todo lo que ustedes ganan va a dar a las arcas de la familia. En realidad, cuando uno trabaja, surgen nuevos gastos, incluyendo el costo de comprar más cosas debido a la falta de tiempo. Cuando se consideran todos estos gastos, puedes darte cuenta de que estás trabajando por menos de un salario mínimo o incluso estás perdiendo dinero. Si rellenas una sencilla tabla sobre tus ingresos (ver el ejemplo de abajo) que sintetiza los ingresos y gastos asociados con el segundo trabajo, podrás saber cuál es el ingreso neto que está beneficiando a la familia.

Tabla de ingresos

Ingreso neto	$15,600
Pérdida	
Diezmo	1,560
Impuestos (estimen un 30%)	4,680
Costos más altos de comida	2,000
Costos del coche	3,000
Guardería	5,000
Ropa	500
Comidas fuera	1,000
Total de gastos	$17,740
Ganancia neta	$2,140

La creación de riqueza: una responsabilidad

Si bien ahorro y creación de riqueza están relacionados, se trata de cosas distintas. **Los católicos tienen la responsabilidad de crear riqueza.** El Catecismo dice, "La propiedad de un bien hace de su dueño un administrador de la providencia para hacerlo fructificar y comunicar sus beneficios a otros, ante todo a sus próximos" (CIC 2404).

En la parábola de los talentos (Mt 25:14-30) los dos siervos que multiplicaron sus talentos son elogiados y reciben más. El siervo que entierra su talento, es castigado. El mensaje bíblico es claro: **el Señor quiere que sus dones se multipliquen** de forma que puedan proveer mejor a tu familia y ayudar a otros.

La creación de riqueza por lo general viene del hábito del ahorro y de invertir una parte del propio sueldo en un proyecto a largo plazo. En este caso, la clave está en los intereses compuestos. Para obtener sus beneficios, necesitas invertir con constancia lo más pronto posible y obtener una tasa de ganancias razonable de acuerdo con el nivel de riesgo que te conviene correr.

La riqueza puede hacer mucho bien, pero también puede dañar. Aquí, como en otras partes, las admoniciones que Dios nos hace sobre el apego al dinero siguen siendo verdad. Piensa, por ejemplo, en Marcos 8:36: "Pues ¿de qué le sirve al hombre ganar el mundo entero si arruinar su vida?". Cuando se trata del dinero, la pregunta no es si (o qué tanto) debemos crecer; es más bien sobre cómo y porqué. Usa tus talentos para crear riqueza y aun así no te apegues a ella. Usa tu dinero para agradar al Señor y cumplir tus responsabilidades. No caigas en la trampa de "tener", en vez de "ser".

Consejos rápidos

- Gasten en su boda y en su luna de miel una cantidad razonable, de acuerdo con su situación económica.
- Antes de casarse, piensen qué planeación financiera quieren usar y quién se va a encargar de las tareas relacionadas con el dinero, como preparar presupuestos, pagar recibos y llevar un control de gastos e ingresos. Asegúrense de que quien se vaya a encargar tenga las habilidades y el tiempo para hacerlo bien.
- La forma en que organicen sus finanzas debe llevarlos a unirse más. Eso significa que deben tener un plan financiero común, si bien puede haber razones válidas para tener algo por separado.
- Denle prioridad al dinero destinado a la caridad y en segundo lugar pongan los ahorros. Vivan con el resto.
- No tengan prisa en comprar una casa. Rentar les da la flexibilidad que necesitan hasta que su situación sea suficientemente estable como para comprar una casa. Dado el costo de una transacción de compra - venta (por lo general más del 10% del valor de la propiedad), deben estar seguros de que van a vivir en esa casa por lo menos durante cinco o siete años, antes de asumir un compromiso. Proverbios 24:27 nos ofrece un sabio consejo: "Ordena tus trabajos en la calle y prepáralos en el campo; y después construirás tu casa".

Al convertirse en mejores administradores de la Providencia, su amor a Dios y entre ustedes crecerá cada día. Usarán los bienes que se les han confiado de forma que agraden a Dios y se beneficien ustedes. Al final de este capítulo, se incluyen otros recursos para manejar el dinero.

Para la reflexión personal y en común

1. Reflexiona en el impacto que tienen tu familia y tu educación en tu forma de ver el dinero. ¿Cómo veían el dinero tus papás y cómo lo manejaban?

2. ¿De qué forma tu fe influye en tus valores financieros y en tus hábitos? Comparte con tu pareja uno o dos ejemplos.

3. Menciona cinco razones para ceñirse a un presupuesto. ¿Hay algunas razones de peso para no tenerlo? ¿Qué obstáculos encuentras para preparar y respetar un presupuesto?

4. Haz una lista de las cinco metas financieras más importantes y de los obstáculos que les impiden alcanzarlas. ¿Qué pasos pueden dar para eliminar o reducir esos obstáculos?

5. ¿Cuál es su patrimonio y sus responsabilidades económicas actualmente? Antes de la boda, hagan una lista de todo lo que tienen en sus cuentas, de sus pertenencias y deudas. Este es el primer paso para preparar su presupuesto del primer año.

Reflexiones personales

Formulario para hacer un balance

Disponible también en liguori.org/marriage

Descripción	Este año	Año pasado
Activos		
Efectivo y equivalentes		
Efectivo en mano	100	100
Efectivo - cuenta de cheques	1,100	1,100
Efectivo en la bolsa de valores	-	-
Efectivo - otros	-	-
Total de efectivo y similares	1,200	1,200
Activos invertidos		
Certificados de depósito	-	-
Cuentas en bolsa	-	-
Planes de retiro	12,000	11,000
Inversiones en negocios	-	-
Total de activos invertidos	12,000	11,000
Activos en uso		
Casa	250,000	240,000
Coches	15,000	17,000
Otros	10,000	10,000
Total de activos en uso	275,000	267,000
Total de activos	**288,200**	**279,200**
Responsabilidades financieras		
Hipoteca y segunda hipoteca	200,000	203,000
Préstamos de los coches	10,000	12,000
Tarjetas de crédito y préstamos a plazo fijo	10,000	7,000
Préstamos de estudiante	-	-
Deudas del negocio	-	-
Otros: préstamos de la familia o de amigos; planes de retiro; seguro de vida	-	-
Total de responsabilidades financieras	**220,000**	**222,000**
Valor neto	**68,200**	**57,200**

Formulario para hacer un balance

Disponible también en liguori.org/marriage

	ACTUAL	ACTUAL	PREVISTO	PREVISTO
Descripción de la partida	Ingresos / gastos	Anual %	Presupuesto	Presupuesto %
Ingreso total	80,000	100%	80,000	100%
Sueldo	75,000			
Bonos	2,000			
Intereses	-			
Dividendos	-			
Plan de retiro	-			
Otros	3,000			
Diezmo/donativos	800	1%	8,000	10%
Deducibles	800			
No deducibles	-			
Matrícula de estudios de los niños	-			
Impuestos	13,600	17%	12,000	15%
Federal	5,000			
Estatal	2,000			
Seguro social	5,000			
Medicare	1,200			
Seguro estatal por incapacidad	400			
Educación actual	200	0%	800	1%
Matrícula de estudios (ver diezmo)	-			
Útiles escolares	200			
Guardería	-			
Otros	-			
Ahorros	-	0%	7,200	9%
Emergencias e imprevistos	-			
Educación futura	-			
Plan de retiro	-			
Vivienda y mantenimiento	30,400	38%	24,800	31%
Hipoteca / renta	18,000			
Seguro	800			
Impuestos	3,000			

►

Formulario para hacer un balance

Disponible también en liguori.org/marriage

		ACTUAL	ACTUAL	PREVISTO	PREVISTO
Descripción de la partida		Ingresos / gastos	Anual %	Presupuesto	Presupuesto %
	Electricidad	1,000			
	Gas	900			
	Agua	800			
	Jardinería	800			
	Limpieza de la casa	-			
	Teléfono	1,000			
	Mantenimiento	1,500			
	Control de plagas	400			
	Cuota de la asociación de vecinos	-			
	Agua embotellada	-			
	Correo	200			
	Varios	-			
	Mejoras a la casa	2,000			
Alimentos		11,200	14%	8,800	11%
Transporte		7,700	10%	8,000	10%
	Pago del coche / ahorros para reemplazarlo	3,600			
	Gasolina / aceite	2,000			
	Seguro del coche	800			
	Licencia de conducir / impuestos	300			
	Mantenimiento / reparaciones	1,000			
Gastos médicos		2,400	3%	2,400	3%
	Doctor	1,500			
	Dentista	500			
	Medicinas	400			
	Otros	-			
Seguro		2,400	3%	2,400	3%
	Médico	900			
	De vida	1,500			
	Por incapacidad	-			

►

Formulario para hacer un balance

Disponible también en liguori.org/marriage

	ACTUAL	ACTUAL	PREVISTO	PREVISTO
Descripción de la partida	Ingresos / gastos	Anual %	Presupuesto	Presupuesto %
Pago de deudas	3,500	4%	-	0%
Tarjeta de crédito	3,500			
Préstamos y pagarés	-			
Otros	-			
Ropa	4,000	5%	1,600	2%
Diversión/descanso	5,100	6%	2,400	3%
Restaurantes	3,300			
Nana	-			
Cable/cine	800			
Domingo (dinero semanal para los niños)	-			
Otras actividades	-			
Vacaciones	1,000			
Relacionado con el trabajo	-	0%	-	0%
Capacitación / cuotas	-			
Internet / teléfono	-			
Otros	-			
Varios	3,200	4%	1,600	2%
Belleza / peluquería / cosméticos	800			
Lavandería	200			
Suscripciones	200			
Días de fiesta / regalos	1,700			
Contador / abogado	100			
Veterinario / mascotas	200			
Concentrado de ingresos / gastos				
Ingreso total	80,000	100%	80,000	100%
Gastos totales	84,500	106%	80,000	100%
Ingresos vs gastos	(4,500)	-6%	-	0%

Intimidad

Bridget Brennan

En este capítulo...

- La intimidad refleja a la Trinidad.
- Cualidades y ventajas de la verdadera intimidad.
- Satisfacer deseos, necesidades y exigencias.

En el mundo moderno, la palabra *intimidad* significa distintas cosas para las personas. Los vendedores "intiman" con sus clientes. La relación entre los amantes y la relación entre una mamá y su recién nacido se definen como "íntimas". Existen innumerables artículos y sugerencias para crear un ambiente "íntimo". Como sucede con muchas palabras, a menudo se usa fuera de contexto o en exceso.

Entonces, ¿qué es la intimidad? Su esencia tiene su raíz en estas palabras de Jesús: "Padre Santo, cuide en tu nombre a los que me has dado, para que sean uno como nosotros" (Jn 17:11). **Nuestra llamada a la intimidad, a la profunda comunión con el otro debe ser tan profunda como la unión de la Trinidad.**

El Dios trino –uno en tres personas distintas– es amor y es la esencia de la intimidad. Como personas creadas a imagen de Dios, necesitamos el amor y relacionarnos para sobrevivir. Con el tiempo, poco a poco, en los matrimonios emocionalmente sanos, recibimos la gracia de reflejar a la Trinidad con nuestras vidas. Esto ocurre poco a poco, a veces de forma imperceptible y son hábitos adquiridos, **lo cual significa que cada uno de nosotros debe aprender, a través de pequeños actos, a construir la intimidad** entre un esposo y una esposa. Por desgracia, a menudo destruimos la intimidad; la damos por supuesta y nos olvidamos de que nuestro amor necesita que lo cuidemos y alimentemos.

Cualidades de la intimidad

- *La intimidad es real. La experimentamos en diversos grados y a menudo sabemos cuando no la tenemos. Como el sol en un día nublado lluvioso, nos damos cuenta de su ausencia.*
- *La intimidad no puede tocarse. Es un misterio, pero no es mágica.*

Las cualidades y naturaleza de la intimidad en tu matrimonio pueden cambiar a medida que pasa el tiempo y crecen atravesando diversas etapas y ciclos de vida; pero las cualidades que se presentan a continuación son esenciales para cualquier pareja en cualquier etapa de su vida matrimonial.

1. **Plenitud/ santidad**
   Dios nos invita, llama a cada persona a la plenitud y a la santidad en Cristo. "En el vivimos, nos movemos y existimos" (Hch 17:28). Si no estamos sanos emocionalmente, no seremos capaces de experimentar la plenitud en Cristo o esa plenitud con nuestra esposa o esposo. En otras palabras, "si no es sano, tampoco es Santo". La intimidad es la santidad.
2. **Deseo mutuo**
   El deseo de abrazar al otro y ser abrazado es un anhelo que crece en la pareja conforme crece el amor. A medida que cada uno corrige sus deseos egoístas, el deseo de amar se vuelve más recíproco y la pareja encuentra más satisfacción en su relación.
3. **Confianza**
   La confianza es esencial para que un matrimonio tenga éxito. Cada esposo debe tener al otro por alguien confiable, sincero, fiel, auténtico, comprometido con el matrimonio y deseoso de aprender lo que significa la reciprocidad a la hora de construir una relación de amor. Cada uno de los esposos se debe sentir completamente seguro cuando está con el otro.
4. **Sinceridad**
   La sinceridad implica mucho más que no decir mentiras. Sinceridad es decir la verdad acerca de los sentimientos y las intenciones. Permite a la esposa y al esposo abrir sus sentimientos incluso si saben que al otro puede no gustarle hablar de ello. La intimidad florece cuando una pareja asume el riesgo de ser totalmente honesta.
5. **Fidelidad**
   El pacto del matrimonio y los votos llaman a los esposos a ser fieles entre sí en Cristo. Los esposos necesitan permanecer fieles a la llamada al matrimonio que Dios les ha hecho. Esto significa vivir una vida íntegra, evitar la pornografía, el coqueteo o las aventuras extramaritales. Otros ejemplos son las relaciones insanas, el lenguaje vulgar y cualquier otro tipo de abuso.
6. **Sentido del humor**
   Hay bromas y anécdotas que los esposos comparten en privado. Un sentido del humor compartido es propiedad de la pareja. Si tratan de explicar sus chistes a otros, probablemente no los entenderán.

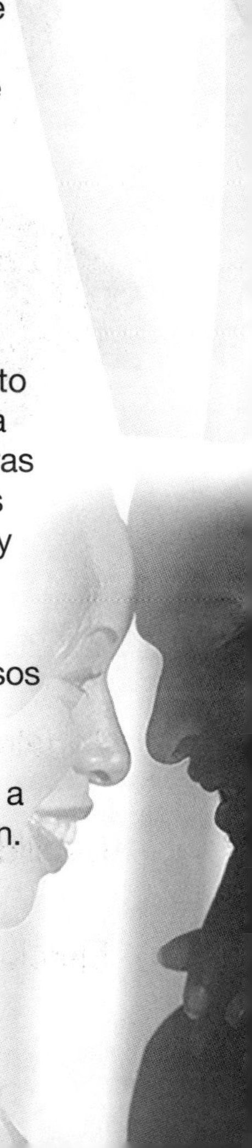

Conocerse

1. Traza una línea desde cada característica de la intimidad hasta aquel de ustedes que la posee más. Si ambos poseen cierta cualidad, dibujen dos líneas, una a cada persona. Estén preparados para dar un ejemplo concreto de cómo se expresa esa característica.
2. Encierren en un círculo de tres a cinco rasgos que ustedes consideres más importantes para su matrimonio. Comparen las listas con su futuro esposo o esposa.
3. Identifiquen todas las fortalezas o resquebrajaduras de la intimidad en su relación (si ambos dicen que el otro tiene el mismo rasgo puede haber allí una grieta). Para cada grieta, fijen un comportamiento o actividad que ayude a mejorar esa cualidad. Busquen ayuda si lo creen necesario.

Afecto físico / Cercanía
Apoyo / Animar
Compartir / Hablar de uno mismo
Honestidad
Salir al paso para comunicarse
Capaz de serenar las cosas
Pedir perdón
Perdonar
Vulnerabilidad
Capacidad para ceder / Llegar a acuerdos
Fidelidad
Desear al otro
Dar /Compartir gozo y placer
Santidad / Integridad
Compromiso (con el matrimonio)

Fortalezas de la intimidad: ______________________________

Debilidades en la intimidad: ______________________________

Ejercicio(s) que se proponen para mejorar su intimidad: ______________

Avisos de alerta sobre una falsa intimidad

1. Dependencia insana

La intimidad no es el enamoramiento o la amistad romántica. Aunque a menudo se toman por la intimidad, por lo general estas se basan en una necesidad enfermiza del otro. “No puedo vivir sin ti” es un aviso de alerta. Cada uno de nosotros es único y cada uno debe tener un sentido de autonomía antes de poder entrar en una relación de compromiso. **No podemos darnos a otro a no ser que tengamos un sentido de nosotros mismos, de nuestro propio valor.** Si nuestra pareja no es independiente emocionalmente, el matrimonio se volverá más bien disfuncional y no tendrá frutos de intimidad.

2. Aislamiento

El aislamiento simplemente borra al otro. En el matrimonio, amor matrimonial y monogamia son exclusivos, pero aislarse de los demás, en particular de los familiares más cercanos, puede ser peligroso. Vivimos en comunidad y en comunión con la Iglesia, cuerpo de Dios con muchas partes y miembros. El aislamiento puede llevarnos –o es quizás un signo de– a una relación insana, a una relación controladora.

3. Ser posesivo o posesiva

Un espíritu posesivo crea barreras insanas. El amor nunca posee al otro. Más bien, la verdadera intimidad nos libera para poder estar con y para otros mientras mantengamos los parámetros, las prioridades y sepamos que nuestra esposa o esposo y nuestros hijos tienen prioridad sobre otros compromisos. Al sabernos amados de forma incondicional, nos sentimos con fuerzas para ir más allá de nosotros mismos. El pacto del matrimonio es una base para la misión y el servicio a los demás.

Los miedos impiden que la intimidad crezca

Todos nosotros tenemos cierto nivel de miedo escondido, posiblemente causado por eventos del pasado. Cualquiera que sea la causa o razón, los temores influyen en nuestras actitudes, comportamientos y reacciones ante ciertas experiencias.

Algunos miedos comunes son:

- al rechazo
- a la pérdida
- al fracaso
- al abandono
- a ser poseído por otro

El tipo de temor y el grado con que se presenta varía de una persona a otra. Cuando corremos el riesgo de estar en una relación íntima, nuestra vulnerabilidad aflora. En este estado de vulnerabilidad, nuestra sensibilidad aumenta y estamos más alerta a esos temores mientras nos esforzamos por crecer en intimidad.

La regla de oro es "o controlas tus miedos o tus miedos te controlan". **Los esposos necesitan hacer frente a sus miedos juntos** y tratar de entender qué miedo particular les impide crecer en intimidad. Por ejemplo, si él tiene miedo de ser rechazado, será muy cauto y lento para llegar a una intimidad más profunda. Su esposa puede interpretar sus acciones y palabras como si se estuviera distanciando o como si la estuviera abandonando. Lo mismo seria verdad si, por ejemplo, la esposa tuviera miedo a ser poseída o aislada de los demás por su esposo. Sus actos entonces pueden volverse cautos y defensivos, lo cual hará que el crecimiento en la intimidad sea muy difícil.

Uno de los dones del amor matrimonial es su poder para curar a cada uno de los esposos conforme afrontan sus temores y crecen como individuos y en unidad entre sí. Dejemos que la Escritura nos dé un último consejo:

No cabe temor en el amo
antes bien el amor plenc
expulsa el temor…"
1 Juan 4:18

Volverse el uno al otro

En el *best seller* titulado, *Los siete principios para hacer funcionar a un matrimonio*, el reconocido psicólogo John M. Gottman, PhD, aconseja a las parejas "volverse el uno al otro en vez de mirar a otro lado". Advierte sobre el peligro de dejarse absorber por las actividades y responsabilidades cotidianas dando a nuestro esposo o esposa por descontado, lo cual a la larga daña la intimidad.

Respondan a las siguientes preguntas a solas (al final compartirán sus respuestas).

1

Me siento más romántico, más agradecido y más unido a mi esposo o esposa...

- ☐ En la mañana
- ☐ A mediodía
- ☐ En la noche
- ☐ En momentos especiales / En ciertas fechas (por favor, especifica):

  ____

- ☐ Siempre que estamos juntos
- ☐ Durante ciertas actividades (por favor, especifica):

  ____

- ☐ Cuando yo...
- ☐ Cuando mi esposo o mi esposa...
- ☐ Cuando veo, escucho o pienso en...

2

Estoy más abierto a ofrecer (y/o recibir) afecto físico...

- ☐ En la mañana
- ☐ A mediodía
- ☐ En la noche
- ☐ En momentos especiales / en ciertas fechas (por favor, especifica):

  ____

- ☐ Siempre que estoy solo
- ☐ Durante ciertas actividades (por favor, especifica):

  ____

- ☐ Cuando yo...
- ☐ Cuando mi esposo o esposa...
- ☐ Cuando veo, escucho o pienso en...

3

Estoy más abierto para hablar y escuchar a mi esposo o esposa...

- ☐ En la mañana
- ☐ A mediodía
- ☐ En la noche
- ☐ Siempre que estoy solo
- ☐ En una cita o en una excursión / actividad especial
- ☐ Cuando estamos cerca físicamente o tocándonos
- ☐ Después de mostrar afecto físicamente o unión

Volverse el uno al otro *continúa*

4 Tiendo a compartir información...

- ☐ En persona
- ☐ En una llamada telefónica
- ☐ En una carta larga
- ☐ En un mensaje breve
- ☐ A través de terceros
- ☐ Dando pistas físicas y emocionales
- ☐ Me guardo las cosas

5 Prefiero recibir información...

- ☐ En persona
- ☐ En una llamada telefónica
- ☐ En una carta larga
- ☐ En un mensaje breve
- ☐ A través de tercero
- ☐ Dando pistas físicas y emocionales
- ☐ A veces prefiero no enterarme

6 Prefiero procesar la información... (marca todos los que se apliquen a tu caso)

- ☐ Poco a poco
- ☐ De lleno
- ☐ Gradualmente
- ☐ De una vez por todas
- ☐ Solo
- ☐ Acompañado
- ☐ Sin distracciones
- ☐ Mientras estoy ocupado

7 Mis mayores distracciones y obstáculos son... (marca todos los que se apliquen a tu caso)

- ☐ Trabajo / carrera
- ☐ Hijos / familia
- ☐ Pasatiempos / intereses
- ☐ Medios de comunicación / entretenimiento
- ☐ Diferencias culturales, religiosas o personales
- ☐ Retos personales, traumas o adicciones
- ☐ Mentiras / secretos / pecados
- ☐ Miedos / falta de confianza
- ☐ Dudas, indiferencia o falta de interés en el matrimonio

8 Para animar a mi esposo o esposa yo...

____

____

9 La mejor forma en que mi esposo o esposa me puede apoyar es ... ________

____

10 La mejor forma en que nos prestamos atención es ... ________________

____

11 Nos dejamos de prestar atención cuando ... ________________

____

Deseos, necesidades y exigencias

Cada uno tiene necesidades básicas y exigencias para sentirse satisfecho en la vida. Cuando estas quedan insatisfechas, una persona a menudo se siente infeliz, inquieta, algunas veces enojada y deprimida. En el matrimonio, los esposos necesitan reconocer y compartir entre sí sus deseos, necesidades y exigencias. Recuerda esto: ninguno de los dos es responsable de identificar y satisfacer las necesidades del otro, aunque a menudo él o ella pueden ser parte de la solución. En cualquier caso, escuchar y respetarse recíprocamente en estas áreas será de gran ayuda para que una pareja crezca en su intimidad.

Deseos

Los deseos ofrecen placer y disfrute. A menudo son presentados como cosas y experiencias: la última novedad tecnológica; la última tendencia de moda; unas vacaciones en un hotel elegante. Los deseos son intercambiables y se puede negociar fácilmente con ellos. Por ejemplo, yo puedo creer que quiero una casa grande cuando me case, pero al final me doy cuenta de que estoy a gusto en una casa más pequeña y que puedo pagar. Puedo pensar que quiero un coche más caro, pero viendo a mi presupuesto me doy cuenta de que estoy bien con el coche que tengo ahora más modesto. La mayor parte de las parejas casadas encuentra formas para moderar sus deseos –al menos algunos de ellos– y para postergar algunas gratificaciones.

Necesidades

Las necesidades son más fáciles de reconocer y entender cuando no han sido satisfechas. Una necesidad no atendida fácilmente puede convertirse en un problema. La conversación que sigue a estas situaciones por lo general comienza con "tenemos que hablar". Algunas necesidades emocionales y funcionales dependen de la personalidad. Por ejemplo, a algunos temperamentos les gusta planear las cosas y tener una lista de tareas. A una personalidad más espontánea, esta planeación le puede causar estrés o la puede sentir como controladora. Diferencias como estas pueden resolverse con paciencia y comunicación. Cuando los esposos se abren e identifican con claridad el problema, pueden comenzar a resolverlo.

Exigencias

Las exigencias son aquellas cosas que cada uno de nosotros necesita para permanecer equilibrado y en paz. Una relación no será duradera si no se satisfacen nuestras exigencias. Aunque las exigencias de uno de los esposos no son negociables, sin embargo no se trata de peticiones irracionales. Las parejas deben dialogar o incluso afrontar, las exigencias del otro antes de comprometerse. Algunas exigencias pueden abordarse más fácilmente antes del matrimonio, los hijos o un cambio de domicilio.

Requisitos indispensables

Haz una lista de tus deseos, necesidades y exigencias. Compartan y discutan sus listas; aquí es donde los acuerdos en los que se cede un poco pueden funcionar.

Por ejemplo: El esposo pidió cierta cantidad de tiempo a solas cada día. Juntos se dieron cuenta de que él tenía el derecho y la responsabilidad para destinar tiempo a sí mismo. Ella entiende que esto es costoso para él y lo anima a encontrar tiempo a solas de otra forma dentro de su horario.

Deseos	*Esposo*	*Esposa*
Son…		
Actualmente satisfechos por…(Si no están satisfechos, escribe "no se aplica")		
Soluciones sugeridas		

Necesidades	*Esposo*	*Esposa*
Son…		
Actualmente satisfechos por…(Si no están satisfechos, escribe "no se aplica")		
Soluciones sugeridas		

Exigencias	*Esposo*	*Esposa*
Son…		
Actualmente satisfechos por…(Si no están satisfechos, escribe "no se aplica")		
Soluciones sugeridas		

Las recompensas de la intimidad

Plenitud

La unión de loa esposos se apoya en la conciencia, no solo de dónde deben estar, sino también de con quién deben estar. El esposo y la esposa alcanzan la plenitud juntos, no como un fin en sí mismo; la completa unión en el matrimonio es en realidad aquello en que se convierten (Gn 2:24). Esta unión es un vínculo indisoluble del pacto matrimonial.

Libertad

La verdadera intimidad matrimonial lleva a la libertad para amar incondicionalmente y para correr el riesgo de donarse totalmente a sí mismo en la relación. Ese amor incondicional es el fundamento de la libertad. El amor se da y recibe en la intimidad matrimonial sin esperar que el otro sea algo distinto.

Digno de sentido

El amor y la intimidad le dan un sentido a la vida matrimonial. El matrimonio exige atención, energía orientada en un sentido y compromiso; algunos lo llaman simplemente "trabajo". Continuamente nos vemos asaltados por distracciones y obstáculos a la intimidad. Del mismo modo, cualquier tipo de infidelidad daña la intimidad de la pareja, amenaza el significado y valor de la relación y, por lo mismo, no puede aceptarse.

Valor

A medida que el esposo y la esposa experimentan la intimidad en su amor, Dios le da su gracia a cada uno para confiar más en sí mismo y sentirse libres para vivir sus vidas como discípulos, para ser auténticos y caminar en la verdad, de forma que reflejen valientemente los valores del Evangelio.

Gozo

El gozo es probablemente la mayor recompensa de la intimidad. Todos hemos sido creados para el gozo y Jesús vino al mundo para reestablecer y traer el gozo completo que es fruto del amor (Jn 15:11).

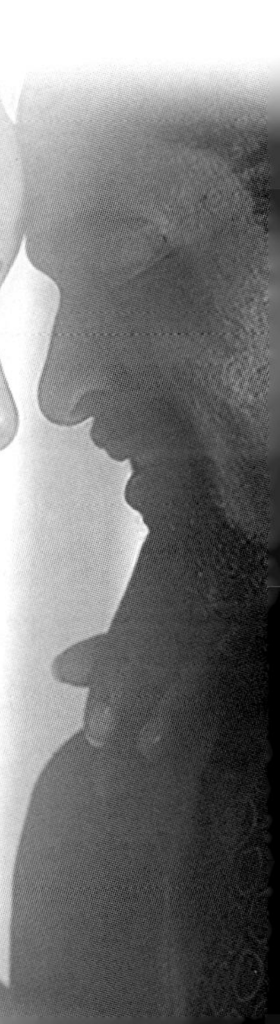

Una visión más amplia de la intimidad

La intimidad sexual es un elemento esencial del amor y de la vida matrimonial, pero necesitaba ser parte de una relación íntima más amplia. Su intimidad sexual va más allá de su recámara y se expresa de otras maneras: organizando juntos el clóset, asistiendo juntos a las clases sobre natalidad durante el embarazo, caminando por el parque o viendo juntos una película. Por otra parte, cultivar estos momentos fuera de la recámara todos los días alimenta el romanticismo y mejora la intimidad sexual. **La intimidad sexual es un reflejo de la atención recíproca, del cuidado y del respeto que se muestran los esposos en todos los momentos de la vida matrimonial.**

El texto poético de san Pablo sobre el amor (1 Cor 13) no se refiere de manera específica al amor matrimonial, pero expresa el profundo y mutuo respeto, y el don de sí mismos que es el amor sacramental. La brusquedad, el mal genio, el egoísmo y los resentimientos guardados disminuyen la intimidad. La paciencia, la honestidad, el perdón y la confianza ilimitada fortalecen la intimidad. Estas virtudes pueden ser difíciles a veces, pero como dice san Pablo, "La caridad no acaba nunca" (v. 8).

Los cinco lenguajes del amor

Con frecuencia, los esposos tienen una idea imprecisa de cómo quiere ser amado el otro. Sin una clara idea de lo que significa "amar a tu esposo", la pareja corre el riesgo de estar en un matrimonio donde uno de ellos se siente esencialmente no amado. Es verdad que no es algo intencional, pero esa es la forma en que el otro traduce nuestro comportamiento.

Durante varias décadas de dar asesoría y acompañar pastoralmente a parejas de esposos, Gary Chapman, PhD, ha desarrollado "Los cinco lenguajes del amor". Cree que cada individuo tiene su propio "lenguaje del amor" o forma en la que ella o él quiere (y algunas veces necesita) ser amado y mostrar su amor. En su libro, que lleva el mismo título, Chapman explica que cada uno de nosotros tiene una forma favorita o más común de amar y de necesitar que lo amen:

1. Palabras de afirmación
2. Calidad de tiempo
3. Recibir regalos
4. Actos de servicio
5. Contacto físico

Para descubrir qué tipo de lenguaje del amor prefiere y utiliza cada persona, sería útil leer juntos de Chapman.

La cita perfecta

Piensa en los aspectos que hay que tener en cuenta a la hora de planear una cita:

- actividades en común que tengan en cuenta las preferencias y gustos de ambos, y que den lugar a la cercanía y la comunión;
- atmósfera de confianza, deseo y gozo (a menudo a través del buen humor);
- tiempo para satisfacer las necesidades, para mostrar sincero interés por el otro y para una comunicación sincera y abierta.

Describe en la siguiente página lo que sería una cita perfecta para ti y tu esposo o esposa. Asegúrate de que tiene en cuenta los "lenguajes del amor" de ambos y momentos para el romanticismo y la intimidad. Si lo haces, tendrás muchos deseos de asignarle una fecha.

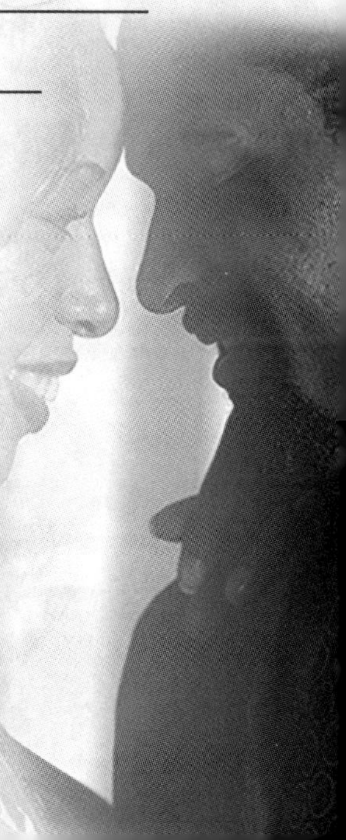

Para la reflexión personal y en común

1. ¿De qué forma han experimentado la intimidad en su relación hasta ahora? Compartan entre sí algunos ejemplos.

2. Reflexionen un poco en su llamado a reflejar el amor trinitario de Dios en su matrimonio. Hablen entre ustedes sobre lo que más les llama la atención de esta imagen de intimidad y de lo que significará para su relación.

3. ¿Hasta dónde aceptan, o rechazan, la intimidad emocional? ¿Qué razones o experiencias puedes dar para explicar tu postura? ¿De qué forma pueden, como pareja, trabajar para alcanzar un equilibrio entre independencia e intimidad dentro del matrimonio?

4. Reflexionen en sus miedos. Compártanlos con su futuro esposo o esposa y juntos piensen en cómo se podrían apoyar el uno al otro para gradualmente superar esos miedos.

5. Relean la columna titulada “Los cinco lenguajes del amor”. ¿Cuál de esos lenguajes crees que es el tuyo? ¿Cuál sería el de tu futuro esposo o esposa?

Reflexiones personales

Sexualidad

Charles E. Bouchard, OP

En este capítulo…

- El designio de Dios sobre el sexo y la sexualidad
- Los dos fines del acto sexual
- La moralidad de los actos y prácticas sexuales

¿Qué es el sexo? Esta pregunta tiene diversas respuestas. "Sexo" puede referirse al género biológico, es decir, cada uno de nosotros genética y biológicamente hablando puede ser macho o hembra. En este sentido, el sexo es un hecho biológico, que puede verificarse con un estudio científico y no está abierto a discusión. Esta identidad sexual da al individuo un conjunto de herramientas, incluyendo los órganos sexuales distintivos y un cerebro (el cual ha sido descrito como el órgano sexual más grande). Estas herramientas nos permiten hacer ciertas cosas y la evaluación de lo que hacemos con ellas es la base de la moral sexual.

Mientras nuestros órganos sexuales son la manifestación física de nuestro sexo, la sexualidad es su manifestación social. **La sexualidad tiene sus raíces en el género**, pero incluye las actitudes, las emociones, las expectativas culturales, los roles y las experiencias subjetivas que tienen lugar cuando nos relacionamos con el mundo. Gradualmente aprendemos a relacionarnos con los demás como seres sexuados; a través de la lente de nuestro género y experiencias, adquirimos un "lenguaje sexual" propio. Aunque hay algunas formas típicas de relacionarse con los otros que son "masculinas" o "femeninas", tenemos un amplio repertorio de posibilidades. Los hombres pueden ser tiernos y buenos para respaldar al otro, y las mujeres pueden ser decididas y con una gran capacidad de análisis.

El "sexo" también hace referencia a lo que hacemos con las herramientas de nuestro género, como cuando "tenemos sexo". Las relaciones y los actos sexuales involucran nuestro ser sexual –biológico, genético, emocional y social– de una forma dramática y profunda. Esto hace del sexo un instinto muy intenso, solo por detrás de nuestra necesidad de comida y agua. **"Tener sexo" es una forma de "hablar de nosotros mismos" desde lo más profundo de nuestro ser.** Aunque la Iglesia a menudo es criticada por prestar demasiada atención a los temas relacionados con el sexo, en realidad, hay una buena razón. No se parece a ninguna otra forma de interacción humana y posee una enorme fuerza para el bien y para el mal. Esta es la razón por la que suscita tantas e importantes preguntas morales.

Una teología del cuerpo

El cuerpo humano –su apariencia física, significado y finalidad– viene de Dios y afecta a la forma en que entendemos e interactuamos con la fe. Muchas de las formas que hay para entender el cuerpo y la sexualidad no son compatibles con la Escritura o con el mensaje de Jesús. Por ejemplo, algunos ven el cuerpo solo como un conjunto de moléculas sin dimensión espiritual o trascendental. Este punto de vista secularista tiene algunos primos que son el consumismo, el totalitarismo y diversas formas de esclavitud y sometimiento humanos. Otros pueden rechazar al cuerpo viéndolo como algo malo o corrupto, y buscar una existencia espiritual que busca castigar y descuidar al cuerpo. Estos dos extremos han aparecido repetidamente a lo largo de la historia, pero ninguno de ellos es acorde con nuestra tradición.

En respuesta a estas formas de ver el cuerpo, el Papa Juan Pablo II habló de la "Teología del cuerpo" en una serie de audiencias en el Vaticano. He aquí un resumen sencillo:

1. **Fuimos creados a imagen de Dios** y somos seres libres que pueden elegir colaborar con él y expresar de una forma única su presencia divina y la verdad a través de nuestra identidad y actos.
2. **Originalmente el hombre estaba solo, pero encontró compañía** en la primera mujer que era igual a él, compañera y colaboradora en crear.
3. A pesar del pecado, que causó aislamiento y vergüenza, hemos sido llamados de nuevo por Dios a través de Jesús. **El matrimonio imita la unión de Cristo con su Iglesia** (Ef 5), la cual tiene un cuerpo, ama, es permanente y redentora.
4. El cuerpo es relacional. **No alcanzamos la santidad a pesar de nuestras relaciones corporales, sino más bien a través de ellas.** Las relaciones sexuales dentro del matrimonio son el ejemplo más puro de una relación santa.
5. **El matrimonio y el acto conyugal en sí mismo son sacramentales:** "el cuerpo, y solo él, es capaz de hacer visible lo que es invisible: lo espiritual y lo divino" (El ser humano entra en el mundo como un sujeto de la verdad y el amor, 20 de febrero de 1980).
6. **El matrimonio prefigura el Reino de Dios, donde no hay división o desintegración**.

Por ello, un acto completamente humano, un acto conyugal lleno de amor involucra no solo a dos personas, sino a tres: el esposo, la esposa y Dios. De la misma forma que los otros sacramentos se sirven de cosas tangibles a través de los cuales la gracia se hace presente (pan, agua, aceite), de la misma manera en el matrimonio, la relación física (sexual) que nace del pacto del matrimonio es un medio visible para producir la gracia. De hecho, el placer sexual dentro del matrimonio puede ser un signo de la presencia de Dios.

Conócete a ti mismo

Los adjetivos que aparecen a continuación pueden aplicarse tanto al hombre como a la mujer. Da un ejemplo de cómo se manifiesta cada uno de esos rasgos en la columna de tu género y después da un ejemplo de cada uno sobre tu prometido o prometida.

¿De qué forma eres...?	He is...	She is...
Atractivo		
Generoso		
Cariñoso		
Sexy		
Fuerte		
Alguien que apoya		

Compartan y reflexionen sobre sus respuestas. ¿Qué significa ser un esposo o esposa, un hombre o mujer de Dios? ¿De qué forma tu género y las cualidades que Dios te ha dado te hacen particularmente apto para ciertos actos, servicios y obligaciones en el matrimonio?

La finalidad del acto sexual

Algunas personas tienen sexo por dinero; otras, para expresar su amor. Algunas quieren procrear; otras simplemente buscan la propia satisfacción. **La tradición católica ve dos fines nobles en la actividad sexual: la procreación y el amor mutuo (unidad).** De hecho, estos dos aspectos del acto sexual, aunque son distintos, son inseparables. La expresión más completa de la sexualidad humana es un encuentro sexual libremente elegido con un esposo o esposa que transmite el amor junto con la apertura a una posible nueva vida. En la medida en que falta una o ambas dimensiones, el acto sexual no alcanza su perfección moral y toda su potencialidad.

La moralidad sexual se basa en analizar si un determinado acto contribuye al bien de los individuos y si los une más entre sí y con Dios, o si va en contra de ello; de igual forma, se valoran las intenciones y motivaciones de las personas. El sexo puede ser una verdadera "auto comunicación" de uno mismo o una mentira; puede ser un don generoso o una invasión dañina. Una de las principales metas del matrimonio es fomentar una sexualidad que hace más profundo el amor de los esposos y hace de su pacto matrimonial un signo del amor de Dios que se entrega a sí mismo.

El sexo hace más profundo al amor de los esposos y convierte su alianza en signo radiante del amor de Dios en el mundo.

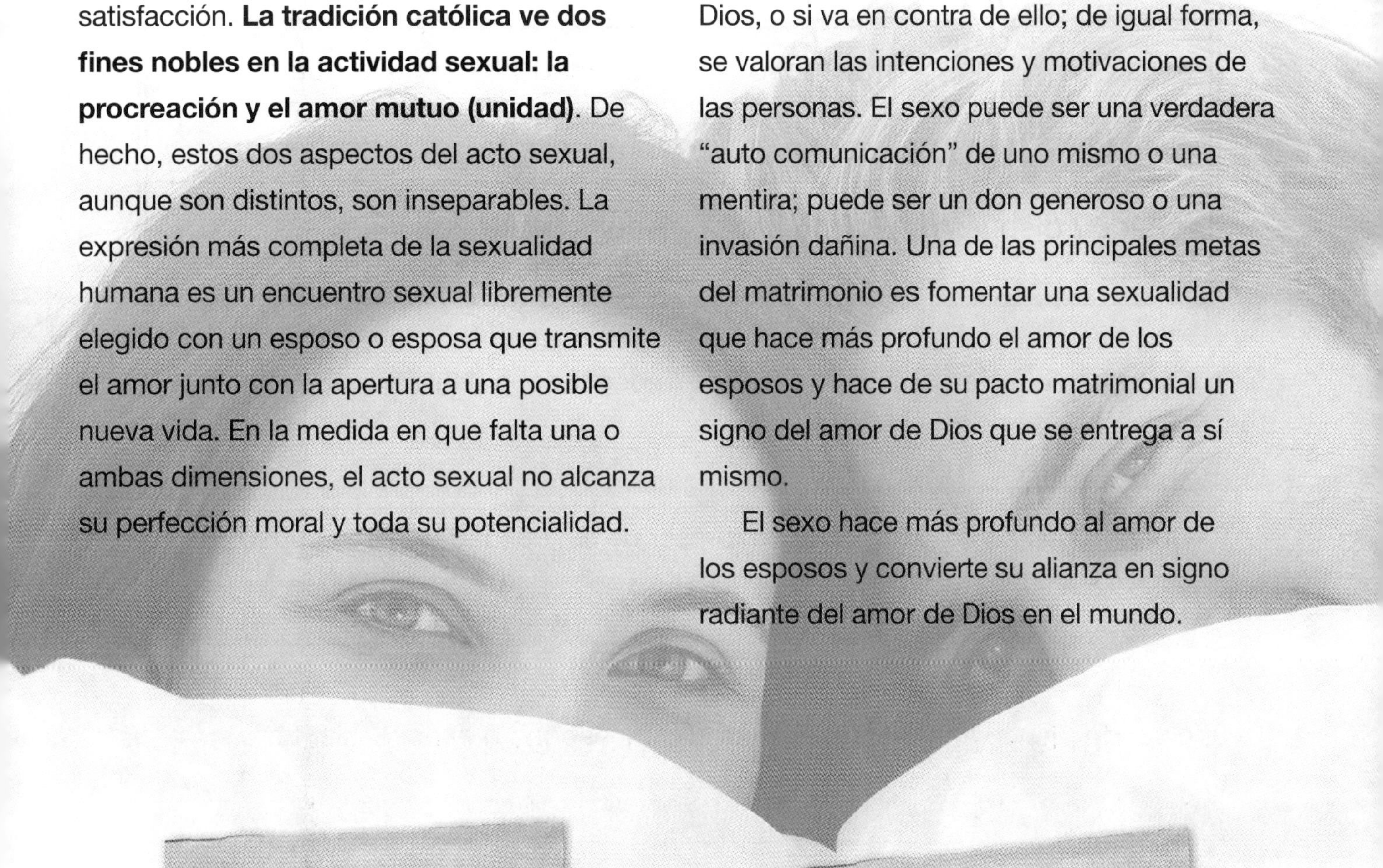

Actos sexuales virtuosos:

- Respetan la dignidad de la persona humana.
- Expresan el amor cristiano siguiendo el ejemplo de Jesús.
- Demuestran la integridad y autenticidad de la comunicación.

Actos sexuales inmorales:

- Denigran a una persona, a un objeto, a un grupo o a la sexualidad como fue pensada por Dios.
- Crean una división entre los esposos, las familias y los valores y actos de una persona.
- Engañan al otro o lo conducen al pecado.

Sentimientos sexuales

Completen cada una de las afirmaciones con la palabra o palabras que están en la tabla que mejor expresa sus sentimientos en este momento.

asustado	deseoso	apenado	a gusto
excitado	santo	impaciente	indiferente
amado / dispuesto a amar	orgulloso	consciente de mí mismo	usado

1. Cuando pienso en aparecer desnuda (o desnudo) ante mi esposo, siento…

   ____

   ____

2. Cuando pienso en coquetear y expresar mi sexualidad con mi esposo o esposa, siento…

   ____

   ____

3. Cuando pienso en tener relaciones con mi esposo o esposa, siento…

   ____

   ____

4. Cuando pienso en tener hijos con mi esposo o esposa, siento…

   ____

   ____

Compartan y comparen sus respuestas. ¿Tus actitudes son sanas y positivas, por lo general? ¿Reflejan un crecimiento en la confianza y en el deseo de estar unidos? ¿Hubo algunos puntos en los que hubo mucha diferencia o preocupación?

Prácticas sexuales dentro del matrimonio

Como el matrimonio es la unión de dos personas irrepetibles, las primeras experiencias en **el amor matrimonial pueden ser poco espontáneas y tener algún elemento de exploración**. Cada persona tiene hábitos y preferencias que hacen el amor sexual más satisfactorio. Las parejas no deben preocuparse si sus prácticas sexuales son comunes o "normales", siempre y cuando terminen en una relación potencialmente procreativa. Los esposos deben aprender y reconocer cada vez mejor las pistas físicas y emocionales que indican placer o incomodidad. Las parejas deben dar forma a su "lenguaje sexual mutuo" de forma que este promueva, en vez de inhibir, la plenitud y seguridad, dignificando y respetando al otro en vez de exaltar un placer egoísta.

- La *auto estimulación* o *estimulación mutua* puede ayudar pero nunca sustituir la relación sexual. La masturbación habitual es un uso desviado de la propia sexualidad y puede ser signo de problemas matrimoniales.

- La *pornografía* introduce a un tercero en lo que debería ser un momento íntimo entre dos individuos que son mutuamente exclusivos. La pornografía convierte en objetos a las personas y las degrada por un provecho económico y es la antítesis de la sexualidad matrimonial. Hacer uso de la pornografía equivale a apoyar una industria que esclaviza a seres humanos. Además, la neurociencia ha mostrado que su uso puede llevar a un comportamiento compulsivo comparable a una adicción.

- Las *personificaciones, fantasías y ayudas sexuales* nunca pueden sustituir a la pareja por reemplazar la espontaneidad y personalidad de esta. Si bien cierta actitud desenfadada ante formas de vestir y objetos puede mejorar el sexo en el matrimonio, nada debe poner en peligro, causar repulsa o dañar a alguno de los cónyuges.

- *El matrimonio abierto*, o introducir a cualquier otra persona o personas en el acto sexual, va en contra de la castidad matrimonial. El *adulterio* va en contra de los votos de la boda y causa una separación dañina entre los esposos independientemente de que el otro sepa o no de la infidelidad.

- El uso de *anticonceptivos*, ya sea con medios preventivos o médicos, elimina la fertilidad de uno y, por ende, el don total de sí mismo. Esto debilita la unión entre los esposos. Cuando un medicamento con consecuencias anticonceptivas debe ser prescrito por otros motivos, puede llevar también a una infertilidad temporal.

- La *esterilización* a veces es necesaria desde el punto de vista médico o es el efecto secundario no buscado de otra intervención médica. Desde el punto de vista moral, esto no presenta ningún problema. Las parejas que necesitan regular el nacimiento de sus hijos deben hablar abiertamente y llegar a un acuerdo. No es correcto que alguno de los esposos inhiba la posibilidad de una concepción de forma deliberada y el deseo de hacerlo indica que hay otros problema.

- La *adicción al sexo* y enfermedad pueden existir también en el matrimonio. Algunos ejemplos son el uso de pornografía, la pedofilia, la necesidad de acudir a prostitutas, masturbación crónica y actividad homosexual fuera del matrimonio. Si un cónyuge sospecha que está teniendo estas inclinaciones, tiene el deber moral de revelar esto a un sacerdote o un psicólogo, y finalmente a su propia esposa o esposo. Ese tipo de actividades viola el compromiso del matrimonio y conlleva el riesgo de contraer enfermedades de transmisión sexual, ser víctima de chantaje y daño físico. Las adicciones sexuales pueden tratarse, pero solo si se tiene apoyo y comprensión.

- El *acoso y la violación* son actos sexuales forzados que niegan el derecho de la persona a dar su cuerpo y sexualidad a otra persona por libre elección. Dios ha bendecido a cada uno con una libre voluntad e incluso en el contexto del matrimonio sacramental y fruto de un compromiso, los actos sexuales nunca están garantizados o son obligatorios. La violación es un acto terriblemente desordenado y nunca podrá contribuir a la unión de la pareja.

¿Qué es la castidad matrimonial?

La abstinencia, la virginidad, el celibato y castidad están relacionados, pero no son lo mismo. Podríamos abstenernos del sexo (o de cualquier otra cosa buena) por diversos motivos. Dos buenas razones para abstenerse del sexo son evitar embarazos fuera del matrimonio y contraer enfermedades de transmisión sexual. La virginidad y el celibato son una abstinencia permanente o a largo plazo de la actividad sexual y puede o puede no tener una motivación espiritual. Por ejemplo, es posible que una persona nunca haya tenido una experiencia genital, pero no porque no lo haya intentado. Un individuo puede evitar el sexo por miedo, ira o amargura. Ahí no hay mucha virtud.

La castidad es una virtud, un hábito moral, que entraña el uso apropiado y santo de la sexualidad. La castidad puede ser el celibato por la virginidad, cuando implica la abstinencia del sexo por una razón superior o puede ser matrimonial, en la cual "me entrego a la actividad sexual solo con mi esposo o esposa, por fe y con el deseo de imitar el amor de Cristo por su pueblo".

La castidad matrimonial se adquiere durante toda la vida. Comienza en los primeros momentos de atracción y se desarrolla a lo largo de toda la vida convirtiéndose en un amor más profundo, nacido del compromiso y de la donación de sí mismo. Madura con las dificultades, la paciencia y el sacrificio. La castidad matrimonial es una historia de salvación que la pareja comienza a escribir cuando pronuncia sus votos. No entran al matrimonio como una pizarra en blanco; cada uno tiene una historia y una sexualidad únicas. Esta es la razón por la que las parejas deben cultivar el hábito de la sinceridad y transparencia. Deben ser conscientes de sus esperanzas, ansiedades y experiencias pasadas si quieren construir un lenguaje sexual común en el que se haga presente la gracia espiritual.

La plenitud sexual

El sexo involucra a toda nuestra persona y sentidos. Escribe en los espacios de abajo aquellos elementos "sensuales" que te gustan o que te gustaría experimentar en el matrimonio.

Reflexiona sobre tus respuestas con tu futuro esposo o esposa. ¿Qué cosas tienen en común? ¿Hay algo que les haga sentir incómodos u ofendidos?

Para la reflexión personal y en común

1. Trata de recordar cuándo y cómo aprendiste lo que sabes sobre el sexo (en tu familia, en la escuela, en los medios de comunicación y en otros lugares). Comparte una o dos experiencias y ejemplos que muestren cómo es tu sexualidad.

2. ¿Qué te dicen tus experiencias y tu historia sobre tus actitudes y convicciones en relación con el sexo? ¿En qué se parecen y en que son distintas de las experiencias de tu esposo o esposa?

3. ¿Piensas en el sexo como una realidad sacramental? ¿Crees que el sexo puede formar parte de tu vida espiritual? ¿Hay otros modos, además de las relaciones sexuales, en que tu matrimonio puede procrear, ser fecundo y una ocasión para que se manifieste la gracia?

4. ¿Cómo te sientes en relación con tu cuerpo? Piensa en alguna experiencia que te ayudó a ser consciente de tu cuerpo cuando reaccionaste emocionalmente a algo que estaba fuera de ti. ¿Qué crees que esa experiencia tenga que decir en relación con el amor matrimonial y la atracción sexual?

5. ¿Hay algo relacionado con el sexo o la sexualidad que te asuste o angustie, especialmente mientras te preparas para el matrimonio? ¿Qué repercusión tendría para tu matrimonio si sintieras una atracción por otra persona de tu mismo sexo?

Reflexiones personales

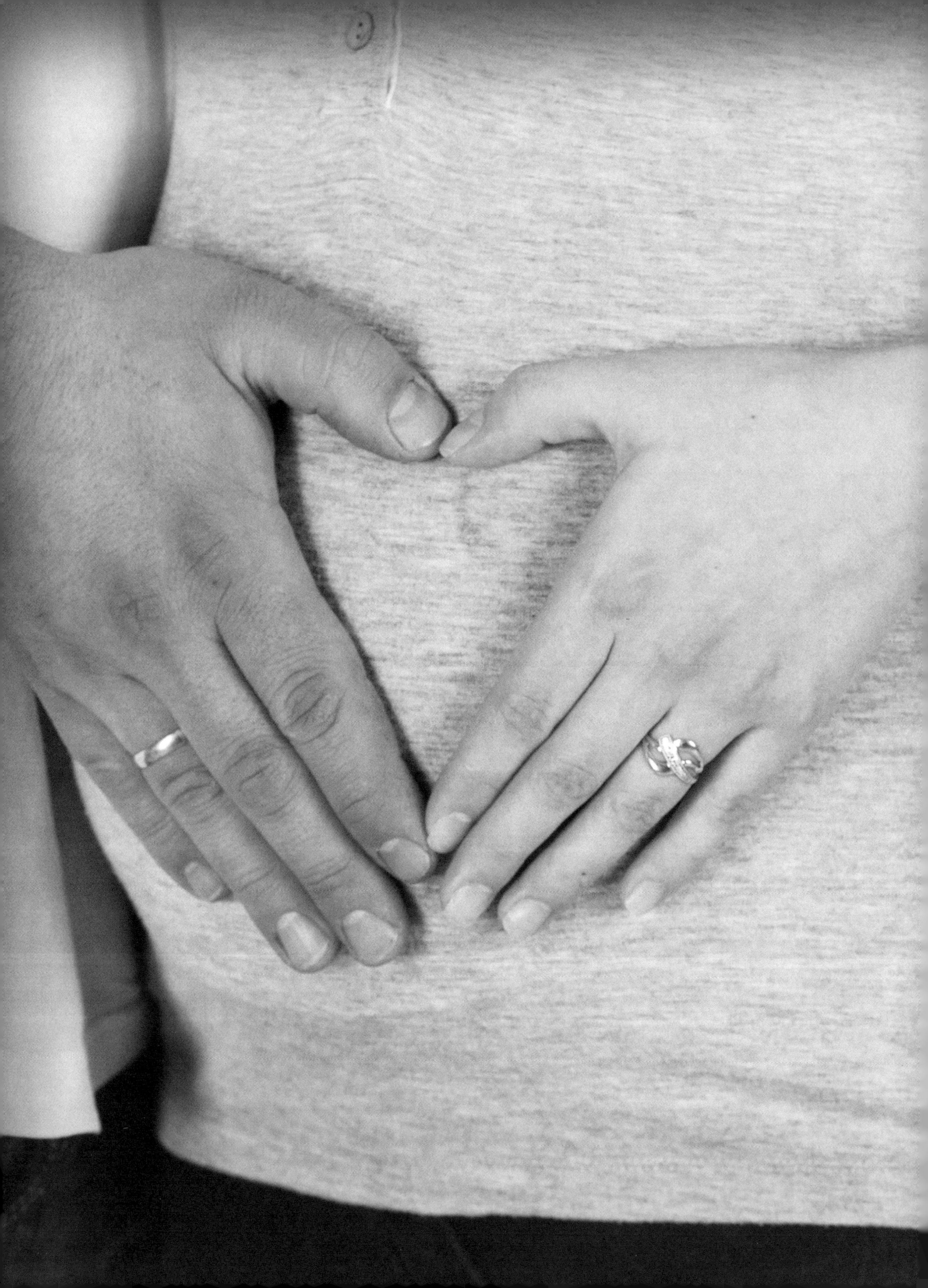

Planeación natural de la familia

Karen Jiménez Robles, MD

En este capítulo…

- Ver la fertilidad y la paternidad desde la óptica de una pareja cristiana
- Anatomía y ciclo menstrual
- Métodos y ventajas de la Planificación Natural de la Familia (PNF).

La fertilidad humana involucra tanto al hombre como a la mujer, y por lo mismo se la debe abordar en pareja. Tanto el esposo como la esposa deben ser tenidos en cuenta para poder entender la grandeza de la procreación y la responsabilidad que implica.

El hombre y la mujer pueden conocer y entender sus cuerpos profundamente para poder cuidarlos y usarlos de forma adecuada. En el caso de la fertilidad, las parejas deben tratar de llegar a un punto en el que puedan decidir libremente si acogen un embarazo o lo posponen.

Importante: **recuerden que la paternidad no es un derecho.** La mayoría de las personas tiene una buena probabilidad de alcanzarla, pero no siempre sucede así. La Iglesia ve a los hijos como "el supremo don del matrimonio" y mientras la apertura a la vida (procreación) es un aspecto esencial y un deber del matrimonio, este está ordenado al bien de los esposos, de los hijos que nazcan y de la Iglesia y de la sociedad (CIC 2378; ver también 2366-68 y 2371-72).

La paternidad por adopción también es posible, pero tampoco es un derecho. En la adopción, el niño busca unos papás y no los papás a un niño. La adopción es una paternidad real y verdadera, aunque no se base en un vínculo biológico. Ambas formas de paternidad ofrecen amor y donación de uno mismo, los cuales son los objetivos de la sexualidad humana.

Este es el contexto en el que la planeación familiar natural (PFN) debe florecer. **Estos métodos se sirven de distintos signos para reconocer los días fértiles de la mujer** y ofrecen a las parejas una alternativa concreta para no tener que alterar sus ciclos biológicos. Estrictamente hablando, no son ni anticonceptivos ni "conceptivos"; simplemente dan a la pareja un mejor conocimiento de la fertilidad de la mujer, el cual les ayudará a tomar mejores decisiones sobre la familia que quieren tener.

Permite a Jesús servirse de tu fertilidad para llevar adelante su plan divino

Lee sobre los papás que aparecen aquí abajo. ¿De qué manera se expresan esos actos en la preparación para recibir a un hijo?

Padres	Hijos	Versículos	Actos	Respuesta
Abraham y Sara	Isaac	Génesis 18:1-15; 21:1-8	hospitalidad	
Elcaná y Ana	Samuel	1 Samuel 1	oración	
Zacarías y Elizabeth	Juan el Bautista	Lucas 1:5-25, 57-80	servicio y sacrificio	
María	Jesús	Lucas 1:26-56; 2:1-21	proclamación y evangelización	

¿Cómo puedes fomentar estos rasgos en tu matrimonio tanto antes como después de tener hijos? Acercarte al momento de la concepción y al nacimiento de tu hijo con fe y esperanza fortalecerá tu matrimonio y le dará mayor significado a tu paternidad.

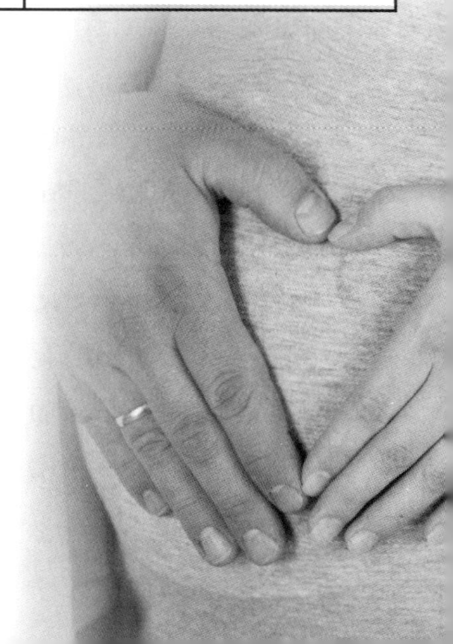

Anatomía y psicología

El hombre, a no ser por enfermedad, siempre es fértil. **Su fertilidad comienza en la pubertad y permanece durante toda su vida.** Con la edad, su capacidad procreativa disminuye en cierta forma, pero sigue siendo considerado fértil porque sus testículos siguen produciendo espermatozoides.

El tiempo que el esperma durará vivo, depende de la presencia o ausencia de la mucosa cervical que la mujer produce durante su período fértil. En presencia de esta mucosa, **un espermatozoide puede vivir de tres a cinco días dentro de la vagina;** sin esta mucosa vive solo unas horas o incluso minutos.

A diferencia del hombre, la mujer es por lo general infértil. La fertilidad de una mujer sana depende del funcionamiento de sus ovarios y se limita a determinado tiempo. Es fértil desde su primera menstruación, llamada menarquía, hasta la última, llamada menopausia. **Dentro del ciclo menstrual, el cuerpo de la mujer favorece la concepción solo de 8 a 11 días. Durante los otros días, un embarazo es imposible.**

El óvulo, una vez expulsado del ovario, vive entre 12 y 24 horas.

Estos datos nos ayudan a corregir falsas ideas sobre cuán fácil es lograr una concepción. A menudo oímos de embarazos no deseados, pero el hecho es que la gente por lo general no habla de las relaciones infértiles, porque rara vez son relevantes. El acto sexual que lleva al embarazo, aunque es mucho menos frecuente, tiene más visibilidad y un gran impacto en la familia y en la sociedad.

Los métodos anticonceptivos también han contribuido a la falsa idea de que el embarazo es el resultado más frecuente del acto conyugal. Dentro de la fase fértil de la mujer (recuerden solo de 8 a 11 días por ciclo), la posibilidad de fertilidad es del 20%. Es decir, de cada cinco parejas que tienen relaciones sexuales durante el período fértil solo una terminará con un embarazo. Esta conclusión se obtiene desde un punto de vista estrictamente estadístico.

El ciclo menstrual

Para conseguir o posponer un embarazo de forma intencional, es necesario que la mujer conozca su ciclo menstrual y cómo funciona. Lo más importante es saber reconocer el momento en que sucede la ovulación, de forma que pueda determinar con precisión cuándo es fértil y cuándo no.

El ciclo menstrual tiene cuatro fases:

1. Menstruación
2. Fase infértil pre ovulatoria
3. Fase fértil (ovulación)
4. Fase infértil post ovulatoria

También hay tres tipos de ciclos, que se distinguen entre sí por su duración:

1. Ciclo corto: <24 días
2. Ciclo regular: 25-38 días
3. Ciclo largo: 38 o más días

Para poder calcular la duración del ciclo menstrual, el primer día del sangrado es el día uno y el día que precede inmediatamente a la siguiente menstruación es el último. Desde un punto de vista biológico, podríamos decir que el ciclo comienza con la ovulación o incluso con la maduración de los folículos y termina con la menstruación, un proceso con el que el óvulo no fertilizado se desintegra y es desechado. Pero llamamos al primero el "ciclo menstrual" porque la menstruación es el signo más claro que permite a una mujer orientarse mejor sobre el funcionamiento de su cuerpo

Menstruación

La menstruación es la fase más fácil de reconocer, aunque la forma en que el cuerpo de cada mujer se comporta durante esos días puede variar. **El sangrado por lo general permanece de tres a ocho días.** Durante la menstruación, el cuerpo de la mujer deshecha tanto el óvulo no fertilizado como el material que había preparado para recibir al embrión en caso de que hubiera fertilización. Para que eso suceda, el cuello uterino i cérvix tiene que abrirse. Cuando eso sucede, los espermatozoides pueden pasar a través de él y alcanzar el útero y finalmente, las trompas de Falopio.

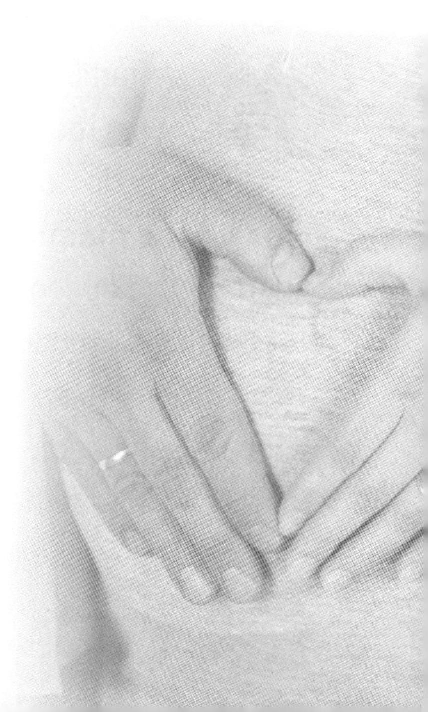

Esta fase se considera fértil porque algunas mujeres –por lo general aquellas que tienen ciclos cortos– comienzan su período fértil antes o el último día del sangrado o en el que hay pequeñas manchas. Así, l**os últimos días de la menstruación se consideran fértiles** porque el esperma puede vivir hasta cinco días en la presencia del moco cervical, que aparece antes y durante la ovulación.

Esta es una de las dificultades prácticas de este periodo. Durante esta fase, la mujer se siente húmeda en su zona genital, pero debido al sangrado menstrual, no es fácil distinguir si está presente o no el moco cervical.

Fase infértil pre ovulatoria

Esta fase dura desde el final de la menstruación hasta que aparecen los signos de fertilidad. Su duración varía y en algunas mujeres con ciclo corto, incluso puede no existir. **En esta fase la mujer a menudo se siente "seca"** debido a la ausencia de secreciones vaginales. El moco cervical presente en este momento se caracteriza por tener poca elasticidad..

Básicamente hay dos factores que hacen a esta fase infértil. El primero es que el cuello cervical se cierra cuando el sangrado ha terminado porque el sistema inmunológico de la mujer produce un tapón de moco espeso para impedir la entrada de cualquier microorganismo al útero, evitando así infecciones. Con el cuello cervical cerrado y protegido, el esperma no puede pasar. El segundo factor es que las paredes vaginales se hacen más ácidas durante este periodo, lo cual impide infecciones y crea también un ambiente hostil al esperma

Fase férti

La fase fértil comienza el primer día que la mujer produce el moco cervical, es decir, cuando siente su zona íntima húmeda y resbalosa. El moco cervical es un signo de que la hormona hipofisaria folículo-estimulante, también conocida como FSH, está presente y comienza a reclutar los folículos, las células que contienen al óvulo mientras madura. Cuando el folículo se abre, un óvulo es expulsado del ovario. Este es el proceso de ovulación. Sucede una sola vez en cada ciclo.

Mientras los folículos crecen y maduran, cada uno secreta una hormona llamada estradiol para avisar al cuello uterino que debe dilatarse y producir más moco cervical elástico. **Conforme los días pasan, el moco cambie su color y consistencia.** La hormona estradiol también manda una señal al endometrio, que es el tejido que cubre el interior del útero, para que crezca, permitiendo al embrión implantarse y nutrirse hasta que se forme la placenta.

Durante esta fase, el moco cervical alimenta, transporta, conserva y filtra el semen de forma que solo el mejor esperma tenga acceso al útero. Sin este moco es prácticamente imposible para el esperma llegar a las trompas de Falopio. Muchas mujeres no conocen este tipo de secreción. **A menudo crea la sensación de algo resbaladizo en su zona íntima.** Es semejante, pero distinto, del líquido que acompaña a la excitación sexual, el cual puede ser más líquido y desaparecer poco después de la estimulación.

Cuando desaparece el moco, quiere decir que la ovulación ya tuvo lugar. El óvulo expulsado tiene entonces veinticuatro horas para ser fertilizado. En otras palabras, si la intención de la pareja es posponer el embarazo, deben fijarse en cuándo el moco con las características más fértiles ha desaparecido por completo, sumar tres días (para asegurarse de que el período fértil ha terminado) y solo después volver a tener relaciones.

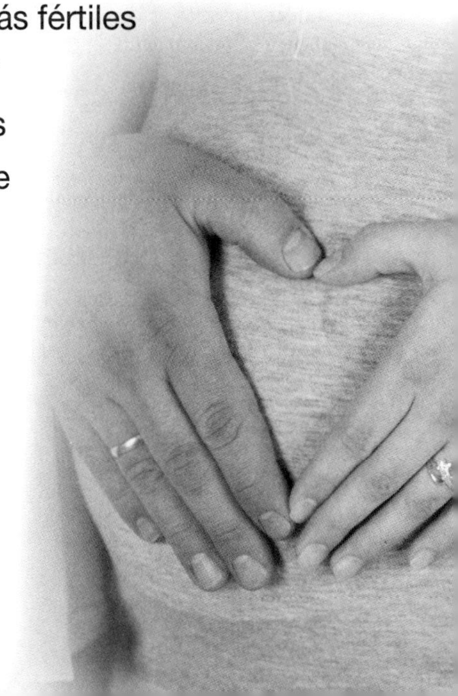

Fase infértil post ovulatoria

Este día dura desde el día después de la ovulación hasta la menstruación. Es la fase más estable del ciclo y casi siempre dura entre nueve y diecisiete días. Eso quiere decir **que la duración varía de una mujer a otra, pero por lo general dura lo mismo en todas las mujeres.**

Una vez que el óvulo ha sido expulsado, este puede encontrar a un espermatozoide en la trompa de Falopio y ser fertilizado. Desde ahí, viaja hasta el útero para implantarse. Durante ese tiempo, la progesterona prepara el útero para recibir al embrión estimulando el desarrollo del endometrio. Esto también provoca un incremento en la temperatura basal del cuerpo, la temperatura del cuerpo cuando se despierta después de dormir más de cinco horas (puede medirse en la boca, en la axila o en la misma vagina). Por ello, **la temperatura del cuerpo también puede utilizarse como un signo para conocer el momento de la ovulación.**

Un día después de la ovulación, el cérvix se cierra y vuelve a producir una barrera con el moco. Si la concepción no tuvo lugar, la mujer vuelve a un periodo infértil. Esta fase termina con la menstruación, la cual da inicio a un nuevo ciclo.

Conocerse

Elige la mejor respuesta a estas preguntas de acuerdo con tus conocimientos y creencias actuales. Después comparte y discute tus respuestas con tu futuro esposo o esposa. Usa este ejercicio para corregir ideas equivocadas y desarrollar una visión compartida de la fertilidad.

1. Considero que mi anatomía y mi fertilidad son...

Esposo	Esposa	
☐	☐	avanzadas / abundantes
☐	☐	normales / sanas
☐	☐	limitadas / difíciles
☐	☐	estériles / impotentes

2. Si tuviéramos un embarazo, sería…

Esposo	Esposa	
☐	☐	desagradable
☐	☐	desastroso
☐	☐	emocionante
☐	☐	milagroso
☐	☐	maravilloso
☐	☐	no lo sé

3. Nos gustaría tener ___ hijos.

Esposo	Esposa	
☐	☐	0
☐	☐	1–2
☐	☐	3–4
☐	☐	5–6
☐	☐	7+

4. Nos gustaría que nuestro primer hijo fuera…

Esposo	Esposa	
☐	☐	niña
☐	☐	niño
☐	☐	gemelos o más
☐	☐	lo que Dios quiera

5. Nuestra disposición para recurrir a la adopción es…

Esposo	Esposa	
☐	☐	nula
☐	☐	poca
☐	☐	moderada
☐	☐	grande
☐	☐	indecisa
☐	☐	queremos adoptar (o ya lo hicimos)

6. Nuestra apertura a practicar la PNF es…

Esposo	Esposa	
☐	☐	nula
☐	☐	poca
☐	☐	moderada
☐	☐	grande
☐	☐	indecisa
☐	☐	nosotros / ella ya usamos PFN

Historia y Métodos de Planeación Familiar

Los estudios de la fertilidad han ayudado a desarrollar numerosos métodos que ayudan a las parejas a decidir cuándo tener un bebé. Conocidos como "métodos de planeación familiar", se dividen en naturales y artificiales.

Los ***métodos naturales*** tratan de identificar los días fértiles e infértiles de una mujer sin alterar el funcionamiento de su cuerpo por el acto sexual. Ofrecen a los esposos la posibilidad de decidir si quieren tener un embarazo o no. Como respetan el ciclo natural, no existen contraindicaciones médicas o efectos secundario.

Los ***métodos artificiales son*** medicinas o dispositivos que intervienen en los mecanismos de fertilidad, modificando el organismo o la forma en que el acto sexual se realiza. No son aptos para todos y pueden tener serios efectos secundarios.

Muchos consideran los métodos artificiales como los más seguros, eficaces y convenientes. Los métodos naturales se consideran menos confiables y más complicados. Esto no es cierto. Muchos métodos naturales simples son tan efectivos –si no más– como los métodos artificiales para posponer u obtener un embarazo.

Además, gracias a la atenta observación del aparato reproductivo de la mujer, los métodos naturales pueden detectar rápida y más fácilmente riesgos para la salud de la mujer, como una anomalía física por algún problema ginecológico. Como son médicamente seguros, pueden usarse como diagnóstico sin importar la actividad sexual y también pueden usarse durante la pubertad, la lactancia o la pre menopausia.

Ventajas de la planeación familiar natural

- En vez de introducir dispositivos físicos o sustancias en el cuerpo de la mujer, ofrecen información sobre el funcionamiento de su cuerpo, de forma que pueda saber si es fértil o no en un determinado momento.
- La información que se reúne al practicar la PNF puede ser, y ha sido, usada en diagnósticos para tratar diversos desórdenes y enfermedades ginecológicas y reproductivas.
- Son médicamente seguros. No tienen efectos secundarios, alteran o comprometen la salud de la mujer, compañero o del bebé en gestación.
- Involucran a los dos miembros de la pareja en la práctica del método, ayudando a la comunicación y a la toma de decisiones en común.
- Abordan la sexualidad en el contexto de una relación interpersonal de respeto y preocupación por el otro, así como de paternidad responsable. Cuando se usan alternando con abstinencia temporal, la relación de la pareja y el mismo acto sexual cobran mayor relevancia y vuelven al plano espiritual. El sexo sigue ocupando un lugar central en la vida de la pareja, pero no se le da exagerada importancia, lo cual paradójicamente puede despersonalizarlo.
- Se adaptan a las necesidades particulares de cada mujer o pareja. En la mayoría de los casos, pueden usarse en cualquier edad y en cualquier etapa reproductiva: pubertad, embarazo, lactancia, menopausia, etc.

Métodos naturales de planeación familiar

CRITERIO	NOMBRE	AÑO DE CREACIÓN	FORMA DE USO
Cálculo basado en la probabilidad de los días fértiles	OGINO-KNAUS (método del ritmo o del calendario)	1924-1928	Predice los días fértiles basándose en la duración de los últimos 12 ciclos. Se restan 18 días del ciclo más corto y 11 del más largo. Los días restantes se consideran los días fértiles de cada ciclo.
	MÉTODO DE LOS DIAS FIJOS	Universidad de Georgetown	Se lleva conteo del ciclo con las cuentas en un aro. Estas tienen números y colores para ubicar los días fértiles e infértiles.
Observación de la presencia o ausencia del moco cervical	MÉTODO BILLINGS DE LA OVULACIÓN ™	1953 Australia	Se basa en hacer observaciones regulares del moco cervical para definir cada día como fértil o infértil, de acuerdo con la información que la mujer reúne.
	CREIGHTON MODEL FertilityCare™ SYSTEM	1976 Estados Unidos	Se basa en la observación y registro sistemáticos de indicadores biológicos esenciales para entender la fertilidad de la mujer e indicar cuáles son los días fértiles en cada ciclo.
Observación de la temperatura basal del cuerpo	BABY-COMP® LADY-COMP® PEARLY®	1987 Alemania	Aparatos electrónicos diseñados para medir y registrar la temperatura basal del cuerpo. Detectan los cambios que suceden después de la ovulación.
Interpretación de diversos signos de la fertilidad	Sinto-térmico	1980	Combina la interpretación de diversos signos de fertilidad: temperatura basal, moco cervical, estado de humor, etcétera. La información se registra día a día para poder identificar los días fértiles con mayor precisión
	El método sinto-hormonal Marquette	1999	Emplea un monitor electrónico para detectar los niveles de hormonas en orina; combina la interpretación de varias señales para identificar con precisión los días fértiles.
Determinación de los niveles de hormonas en la orina	Persona®	1996 Inglaterra	Monitor electrónico que utiliza palillos desechables para detectar los niveles de estradiol y LH en la orina. Las mediciones se hacen en diversos días del ciclo, de forma que se pueda predecir con mayor precisión el momento de la ovulación
	Clearblue®	1985 Estados Unidos	Es un monitor que detecta los días más fértiles de la mujer, utilizando palillos desechables que miden los niveles de hormonas en la orina.
Método del electrólito	Ovacue®	1970 Estados Unidos	Es un monitor que detecta los cambios en la fertilidad midiendo los niveles de electrolitos en la saliva.

EFECTIVIDAD PARA ESPACIAR LOS EMBARAZOS	EFECTIVIDAD PARA BUSCAR EL EMBARAZO	OBSERVACIONES
90–70%	—	Solo pueden usarlo mujeres con ciclos regulares de 26 a 32 días
95% (uso adecuado) 88% (uso típico)[1]	—	
95%	78%	Sencillo y fácil de aprender. Puede usarse durante la lactancia.
97%–83%[2, 3]	98–76%	También detecta alteraciones en la salud ginecológica y reproductiva. Puede usarse durante la lactancia.
98%[4, 5, 6]	—	
99.8%–94%	—	
99% (uso perfecto) 86%–93%[7, 8]	85%	Puede usarse durante la lactancia.
94%[9, 10]	—	Solo pueden usarlo mujeres con un ciclo regular.
99.4%[11, 12]	—	Comercializado para lograr el embarazo y no para evitarlo.
98%[13]	—	Puede usarse durante la lactancia.

1. standarddaysmethod.org
2. creightonmodel.com/effectiveness.htm
3. Stanford, Joseph B., MD, MSPH. *Effectiveness, Intention, and Behavior: Creighton Model NFP Use.* Salt Lake City: University of Utah. January 2009. ent-s-t.com/OFP_Natural/documents/University%20of%20Utah.pdf
4. Freundl G, Godehardt E, Kern PA, Frank-Herrmann P, Koubenec HJ, Gnoth C. Estimated maximum failure rates of cycle monitors using daily conception probabilities in the menstrual cycle. *Human Reproduction.* 2003; 18(12): 2628–33.
5. Frank-Herrmann P, Heil J, Gnoth C, et al. The effectiveness of a fertility awareness based method to avoid pregnancy in relation to a couple's sexual behavior during the fertile time: a prospective longitudinal study. *Human Reprod.* 2007; 22(5): 1310–9.
6. De Leizaola MA. Etude prospective d´efficacité d´une méthode sympto-thermique récente de planning familial natural. *J Gynecol Obstet Biol Reprod.* 1998; 27: 174–80.
7. Fehring RJ, Schneider M, Lee Barron M. Efficacy of the Marquette Method of natural family planning. *Am J Matern Child Nurs.* 2008; 33(6): 348–54.
8. nfp.marquette.edu/efficacy.php
9. persona.info/uk/what_is.php
10. Janssen CJ, van Lunsen RH. Profile and opinions of the female Persona user in The Netherlands. *Eur J Contracept Reprod Health Care.* 2000; 5(2): 141–6.
11. Guida M, Bramante S, Acunzo G, Pellicano M, Cirillo D, Nappi C. Diagnosis of fertility with a personal hormonal evaluation test. *Minerva Ginecol.* 2003; 55(2): 167–73.
12. clearblueeasy.com/clearblue-easy-fertility-monitor-faq.php
13. ovacue.com/ovacue-vs-other-methods-ovulation-prediction

El estilo de vida de la PNF

El *Creighton Model Fertility System* busca fortalecer la intimidad matrimonial y la interacción a través de cinco pilares que se sintetizan en el acrónimo SPICE, por sus siglas en inglés (spiritual, physical, intellectual, creative/communicative, emotional). Mientras más se fortalecen estas áreas en el matrimonio, más profunda es la sexualidad y tiene menos riesgo de reducirse a un mero contacto genital (muchos otros métodos ofrecen un apoyo similar; PFN ofrece a la pareja otros apoyos morales y espirituales).

Espiritual

¿Cómo es tu fe: compartida, íntima, trascendente? Da un ejemplo.

____

____

Físico

¿Cómo expresas tu afecto y cercanía sin utilizar el contacto genital?

____

____

Intelectual

¿Qué cosas aprenden o que cosas tratan de conseguir juntos? (¡estas sesiones cuentan!).

____

____

Creativo / comunicativo

¿Qué han creado juntos o qué van a crear además de sus hijos? ¿Qué formas de comunicación escrita o verbal utilizan?

____

____

Emocional

¿Comparten sueños, deseos, incluso el buen humor al igual que lo hacen con sus cuerpos? ¿De qué forma una sexualidad sana se preocupa tanto por las emociones y los sentimientos como por las sensaciones físicas?

____

____

____

Aprender la PNF

1. Seleccionen un método de PNF que les gustaría intentar como pareja y busquen instructores y proveedores en su zona. La tabla presentada en este capítulo y pedir consejo a quienes les imparten el curso son un buen inicio.
2. Programen una sesión introductoria o de preparación y acudan juntos. Las parejas que llegan al matrimonio con una comprensión compartida de su fertilidad y de sus metas reproductivas se sienten cómodas, unidas y persiguen objetivos claros.
3. Dense tiempo para ganar confianza en el método elegido sin sentirse presionados por tener hijos. Deben ser capaces de hablar libremente de su fertilidad o de lo que sienten cuando comiencen a tener relaciones en el matrimonio.

Para la reflexión personal y en común

1. ¿Cuáles son las diferencias entre la fertilidad masculina y la femenina? Repasen juntos las cuatro fases del periodo de la mujer.

2. ¿Cuál es la probabilidad de que haya un embarazo en cada acto conyugal durante la fase fértil de la mujer?

3. ¿Qué ventajas ofrecen los métodos naturales sobre la anticoncepción artificial? ¿Te parecen confiables los métodos naturales? ¿Por qué si o porque no?

4. ¿Qué características buscarían en un método de planeación familiar?

5. ¿Qué implica la paternidad responsable?

Reflexiones personales

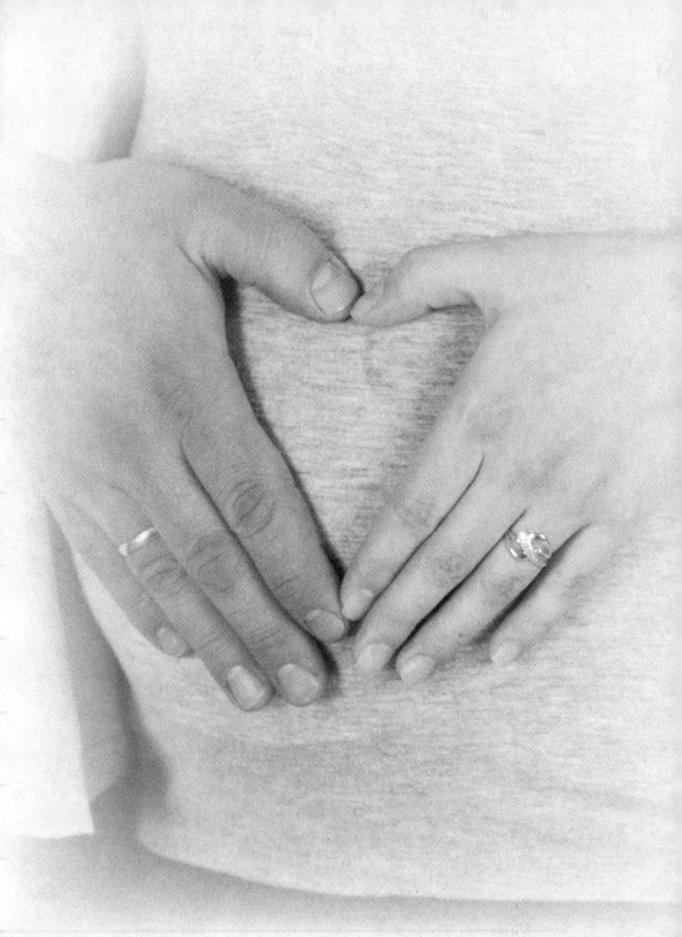

Los hijos y su educación

Coleen Kelly Mast

En este capítulo…

- Los hijos son un don para sus padres y para la sociedad.
- La forma de educar a los hijos puede variar de acuerdo con el género o la personalidad.
- Las familias se mantienen unidas trabajando, jugando y rezando juntas.

Cuando un hombre y una mujer se dan a sí mismos al otro, surge una nueva vida. Su amor y unión de manera natural engendra una vida humana. **El matrimonio mismo y en particular el acto conyugal, están orientados a la procreación y la paternidad.** Co-crear con Dios, especialmente cuando se concibe a un niño, es un misterio y un milagro. El embarazo y la paternidad pueden ser una experiencia profundamente gozosa. Ambas realidades abren nuevos horizontes de realización al vínculo matrimonial del esposo y esposa, y a su vida en común.

En el Rito del Matrimonio, la pareja acoge su llamado y está de acuerdo en "recibir, responsable y amorosamente" los hijos que Dios les dé. Dios es la fuente del amor que nunca se agota. El da fuerza a los esposos y a sus hijos. Dios les da a los hijos para que los amen y eduquen de forma que sus almas traigan gozo al mundo y todos puedan vivir el gozo eterno. **Todo hijo –biológico, adoptado o acogido de otra forma– está lleno de los dones de Dios.** Cada nuevo hijo toca tu corazón y puede incrementar tu capacidad de amar.

Los hijos son un don para el matrimonio

"Sean fecundos y multiplíquense, y llenen la tierra y sométanla" (Gn 1:28).

"Los hijos son, sin duda, el don más excelente del matrimonio y contribuyen sobremanera al bien de los propios padres" (Gaudium et Spes 50).

¿De qué forma la paternidad puede ser un regalo?

1. ***Cuando los esposos se convierten en papás, su amor se multiplica****. El gozo y la maravilla del embarazo son naturales y sanos, pues el feto nos coloca ante el misterio de la concepción, la creación y el amor mutuo. Su amor y sus hijos muestran de manera auténtica cómo ve Dios el amor, la vida, la sexualidad y el matrimonio manifestados en la familia y en la sociedad. Todos se enriquecen cuando las familias cristianas crecen.*
2. ***El amor a sus hijos es una fuerza unificadora****. Compartir el amor y los cuidados de un niño que se parece a ustedes dos, a quien ustedes trajeron a la existencia junto con Dios, los une emocional y socialmente, y evita que cada uno viva por su lado o se aísle en su egoísmo.*
3. ***Su hijo o hijos les ayudan a sacar lo mejor de ustedes mismos****. La responsabilidad de educar a sus hijos les ayuda a madurar y a guiar su familia con el ejemplo. Cada niño implicará sus propios retos; algunos les exigirán mucha paciencia, otros pondrán "en peligro" su necesidad de paz y silencio. Cuando sus corazones se conmuevan ante las necesidades de una persona necesitada, es decir, su hijo o hija, se volverán gente más generosa. Cuando veas a tu esposo o esposa responder con amor y generosidad a tu hijo, puedes sentirte motivado por la bondad que estás viendo.*

Fotos de bebés

1. Encierra en un círculo las frases que te parecen “bonitas” o que crean una reacción positiva en ti. ¿En qué son distintas tu imagen ideal de un niño y la de tu esposo o esposa?

    - un bebé sonriendo
    - un bebé durmiendo
    - un bebé desnudo / un bebé bañándose
    - un bebé sucio (con comida o tierra)
    - niños caminando o subiendo una montaña
    - niños hablando
    - niños jugando
    - niños rezando o en Misa
    - niños actuando o destacando en alguna actividad
    - papás contemplando su hijo o tocando el vientre de una mujer embarazada
    - papás levantando o abrazando un niño

2. Cuando piensas en el embarazo, los deberes, los niños o en la paternidad, ¿qué imágenes o recuerdos vienen a tu mente?

Los hijos cambian el matrimonio

Cuando las parejas se acercan al matrimonio, a menudo sueñan con tener hijos. Algunas pueden tener en mente incluso un número "ideal" de hijos y otras pueden estar simplemente abiertas a "a ver qué pasa". Algunas parejas pueden incluso ya tener hijos, por separado o juntas; otras es posible que nunca puedan tenerlos. Algunas parejas deciden adoptar, independientemente de que tengan o no hijos biológicos. Algunas parejas creyentes a menudo se dan cuenta de qué confiar en la gracia de Dios y estar abiertos a una nueva vida puede traer mayores satisfacciones que planear todo por ellos mismos. **Dios llama a todas las parejas a ser responsables y cuidadosas, a usar los métodos naturales de fertilidad de manera consciente y a tomar decisiones maduradas en la oración y animadas por un espíritu generoso.** Teniendo en mente que en el matrimonio hay tres personas –el esposo, la esposa y Dios–, conviene consultar estas cosas con las tres, sobre todo con la más sabia de ellas.

Las implicaciones prácticas de ser padre a menudo se perciben antes de que nazca el niño, por ejemplo, náuseas, preparar el cuarto para el bebé o preparar a los demás miembros de la familia. Después de que llegue el bebé, puede programarse tiempo para estar juntos; la falta de sueño puede afectar el estado de ánimo; y es posible que sea necesario ajustar el presupuesto. De cualquier forma, todo puede sobrellevarse e incluso disfrutarse de la misma forma que hicieron las generaciones que te precedieron: con fe y amor, con la gracia de Dios y con el apoyo de toda la comunidad cristiana.

Dios ofrece alguna ayuda adicional a través de las hormonas (como la oxitocina o la prolactina) y para ayudar tanto a la mamá como al papá para tener mayor paciencia, incluso con aquel niño que permanece despierto toda la noche con fiebre o necesita tomar el pecho más a menudo. Más de un papá ha tomado ese tiempo a solas en la noche para orar y agradecer a Dios por sus beneficios. Conforme los años pasan, no dejen de tener presente el verdadero significado de la vida y del amor o dejen de maravillarse y sorprenderse por los dones de Dios. Lo que su hijo más necesita es su amor y cuidados, los cuales no pueden comprarse ni delegar en otro.

A medida que su familia crece, también crecerán sus retos y sus fuerzas para superarlos. Dios seguirá concediéndoles su gracia a través del Sacramento para que puedan decir todos los días "acepto". Se darán cuenta de que sus promesas matrimoniales –en la prosperidad y en la adversidad, en la riqueza y en la pobreza, en la enfermedad y en la salud– no fueron palabras huecas. **Experimentarán las altas y bajas de la vida como familia, pero mientras más generosos sean, más fuerza y sabiduría recibirán.** Algunos de los mejores recuerdos de la vida en familia son los de los momentos difíciles.

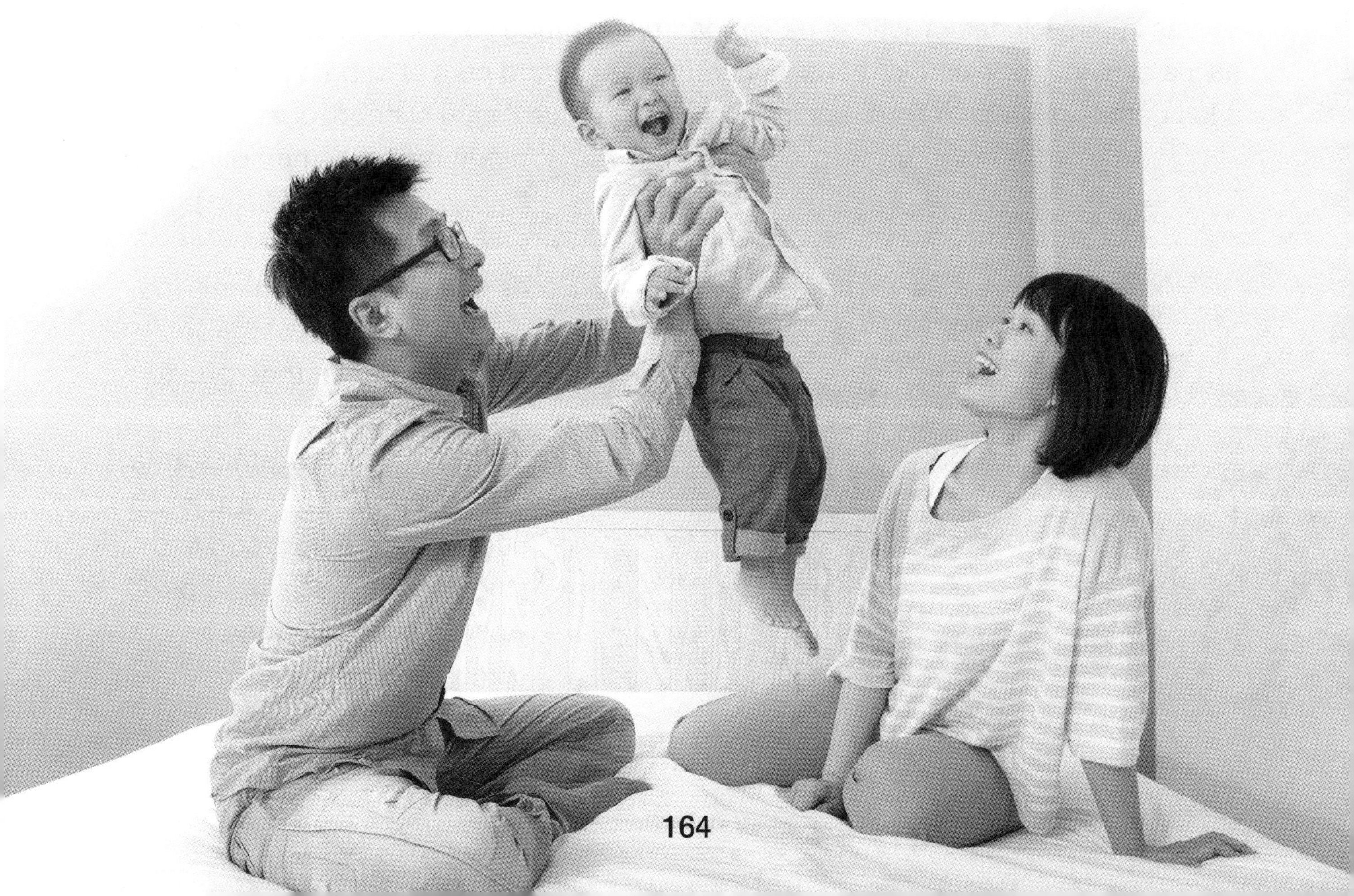

Los papás guían a sus hijos a Dios

SALMO 34:12

"Vengan, hijos, escúcheme, les enseñaré el temor de Yahvé".

Menciona tres cosas que quieres que tus hijos sepan de Dios.

1. ______________________________
2. ______________________________
3. ______________________________

MATEO 5:9

"Bienaventurados los que trabajan por la paz, porque ellos serán llamados hijos de Dios".

Menciona tres formas en que puedes cultivar la paz dentro de tu familia.

1. ______________________________
2. ______________________________
3. ______________________________

ZACARÍAS 10:7

"Sus hijos lo verán, se alegrarán, todo su ser gozará con Yahvé".

Menciona tres momentos, hechos o formas en que puedes celebrar o dar culto a Dios como familia cristiana.

1. ______________________________
2. ______________________________
3. ______________________________

EFESIOS 6:1,4

"Hijos, obedezcan a sus padres en el Señor; porque esto es justo (...). Padres, no exasperan a sus hijos, sino fórmenlos más bien mediante la instrucción y la exhortación según el Señor".

Menciona tres comportamientos o normas que ayuden a modelar un estilo de vida cristiano para todos los miembros de la familia.

1. ______________________________
2. ______________________________
3. ______________________________

Diferencias de género y formas de educar a los hijos

"Macho y hembra los creó."
Genesis 1:27

Dios creó dos sexos, iguales en dignidad, diferentes en muchos aspectos físicos y psicológicos, sin embargo hizo que fueran complementarios entre sí. **Tener dos papás, uno hombre y otro mujer, fue idea de Dios y está inscrito en nuestros cuerpos.** Más allá de lo que nos dice la ciencia sobre la concepción, el embarazo y la lactancia hay implícitos muchos significados acerca de la maternidad y paternidad que nunca podremos comprender totalmente. Esta realidad tan estudiada de la paternidad es un sabio designio de Dios que ayuda al desarrollo del niño creado por él a través del amor de los padres.

Esta complementariedad de los géneros ofrece una serie de dones completos y bien equilibrados, dones que el niño o niña reconoce desde el inicio. Los efectos responden a los sonidos de la madre que le son familiares como su latido del corazón y su voz. Los recién nacidos reaccionan cuando perciben el olor de la leche materna y el cuerpo de ella reacciona produciéndola. El papá puede arrullar al bebé, abrazarlo o mecerlo con perfección hasta hacerlo dormir; pero junto con todo este contacto físico, nuestras personalidades pueden complementarse entre sí también. Cuando uno de los papás esta estresado o muy cansado, el otro puede hacerse cargo. Uno puede ser más sentimental y el otro, más lógico. Uno puede ser más estricto, mientras que el otro es más condescendiente. El esposo y la esposa deben ser compañeros el uno para el otro, animándose y cuidándose recíprocamente, confiando en que junto con Dios podrán ser excelentes papás.

Las formas de educar a los niños no están influidas únicamente por el género, sino también por el temperamento, por la forma de comunicarse y por la forma de ser de las familias de origen. Algunas diferencias son hormonales y psicológicas; otras pueden ser adquiridas.

A algunos, puede venirles de forma natural educar a los niños, pero también se requiere práctica. Es posible que quieran asistir juntos a clases sobre cómo educar a los hijos o sobre disciplina familiar. En cualquier caso, Dios les ayudará a adquirir el conocimiento, la intuición y las habilidades necesarias para responder a su vocación. Tú puedes ir creciendo en tu habilidad para educar a los hijos, a la par que los vas guiando en la vida. Cuando los papás se esfuerzan por pensar igual, trabajar juntos por amor sin sabotear el trabajo del otro, pueden poner sus cualidades únicas al servicio de sus hijos, ayudándolos a convertirse en el joven o la jovencita que Dios quiere que sean.

¿Tú qué harías?

Discutan entre ustedes las siguientes situaciones que pueden presentarse al educar a los hijos y den lo que sería una respuesta adecuada al problema, una respuesta llena de comprensión, compasión y reconciliación.

1. Bernardo tiene tres años. Mientras estás preparando su comida, el comienza a subirse a la mesa. Tú mueves los objetos afilados y frágiles y le pides que sea paciente. Entonces hace un berrinche.

2. Pablo tiene diez años. Una de sus responsabilidades es barrer el jardín. En una ocasión, una tarea escolar hizo que estuviera muy ocupado y se olvidó de hacerlo. Siendo consciente de que no lo hizo, pide permiso para ir a la fiesta de un amigo.

1. *Si yo fuera el papá o la mamá de Bernardo, entonces yo...*

2. *Si yo fuera el papá o la mamá de Pablo, entonces yo...*

3. *Si yo fuera el papá o la mamá de Verónica, entonces yo...*

4. *Si yo fuera su papá o la mamá de ellos, entonces yo...*

3. Verónica tiene diecinueve años y vive en su casa mientras va a la universidad. Su novio y ella vuelven a casa cada vez más tarde, y a veces incluso hasta al día siguiente. Cuando le piden explicaciones, dice que no está haciendo nada malo y que están invadiendo su intimidad.

4. Sarah y Hannah son unos gemelos de ocho años. Una de las cosas que más les gusta hacer juntos es bailar. Este año, harán su presentación anual el sábado por la noche. Tú tienes otro compromiso familiar al día siguiente por la mañana y tenías pensado ir a Misa el sábado por la noche para evitar tener que ir a misa temprano.

La unión familiar: construir la Iglesia doméstica

Una revelación y actuación específica de la comunión eclesial está constituida por la familia cristiana que también por esto puede y debe decirse «Iglesia doméstica»

(Papa san Juan Pablo II, Familiaris Consortio 21; ver también CIC 2204)

Dios es una comunión de personas –Padre, Hijo y Espíritu Santo –. La Iglesia, y los papás en particular, están llamados a reflejar esta profunda unidad. Por el Bautismo, nacen nuevos discípulos; por el testimonio y el ejemplo de los papás en la familia, los hijos aprenden a vivir como miembros de la Iglesia.

Los papás están llamados a crear una atmósfera de gozo cristiano en sus casas. Adaptando los valores del Evangelio, la familia debe alimentar, enseñar y secundar todo lo bueno que hay en cada miembro de la familia. Esto puede ser difícil cuando se está muy ocupado o hay muchas preocupaciones, o en periodos de gran sufrimiento, todos ellos momentos en que debemos volvernos a Dios en la oración.

La familia se convierte en tu lugar de oración, de paz y descanso, como un oasis en medio de las preocupaciones del mundo. Los desacuerdos o las discusiones deben conducir siempre a soluciones constructivas, en vez de convertirse en alimento para egoísmos heridos. Enraizada en el amor, una familia debe hacer un esfuerzo coordinado para trabajar juntos, jugar juntos y orar juntos.

Trabajar juntos

El trabajo en equipo es esencial para formar una familia fuerte y unida. Comienza con los papás trabajando en equipo en diversos proyectos y se extiende a los niños conforme estos van creciendo. Aunque el trabajo en equipo implica una justa división de las tareas en casa, este significa mucho más que simplemente “quién hace qué”. **Un equipo, para alcanzar su meta, necesita que sus jugadores practiquen sus habilidades por separado.** Del mismo modo, pasar tiempo juntos mientras cada quien hace su parte crea un sentido de unidad y satisfacción que merece ser celebrada al final.

El trabajo en equipo puede abarcar planear juntos las vacaciones, comenzar un negocio, hacer proyectos en casa e incluso apostolados para ayudar a los más necesitados. Por ejemplo, el trabajo en equipo para la comida de todos los días implica que cada uno se encargue de una parte: las compras, preparar la comida, poner la mesa, servir la comida o recoger la cocina al final. Cada uno puede contribuir de alguna forma y experimentar la alegría de participar en algo. Trabajar juntos ayuda a evitar el individualismo y el egoísmo.

Trabajar juntos es una habilidad necesaria e invaluable para crecer en la virtud. Por ejemplo, practicamos la paciencia cuando enseñamos a un niño a hacer algo que nosotros ya sabemos hacer. Aprendemos a respetar el tiempo de los demás y a ser perseverantes siendo rápidos y diligentes, evitando la natural tendencia a la pereza. Cuando uno quiere hacer su trabajo rápido y el otro lo quiere hacer de manera meticulosa, ¿cómo podemos aprovechar ambas cualidades para hacer bien un trabajo?

Como todos los dones de Dios, los hijos nos ayudan a crecer en santidad y a llegar al cielo. Conforme tu hijo va creciendo, te verás a ti mismo más vivo, como realmente eres, reflejado en su lenguaje y forma de hablar, en sus actitudes y convicciones. Esto nos ayuda a examinar más nuestras palabras y comportamiento, y a preguntarnos, "¿qué buenos hábitos debería adquirir, sabiendo que esos hábitos se duplicarán en mis hijos y se extenderán por el mundo?". Cuando sea necesario, corríjanse los unos a los otros con amor. La familia no es el lugar para resaltar los defectos de los demás, sino para ayudar con amor a cada uno a superar sus limitaciones. Es bueno formar los hábitos de:

- Apoyar más que criticar.
- Perdonar más que acusar.
- Comprender más que enojarse.
- Divertirse, más que tener un ambiente tenso (pero nunca hacer bromas a costa del otro).

Jugar juntos

El tiempo libre, que es un tiempo de calidad que pasamos con nuestra esposa o esposo, y con nuestros hijos, a menudo debe ser planeado con antelación. Descansar es algo necesario para la salud y bienestar humanos, y estar juntos ayuda a crear los vínculos familiares que nos ayudarán a soportar las tormentas de la vida. Si no dedicas tiempo a fortalecer tu familia, eso no va a suceder de forma automática.

Fijen prioridades y límites como familia y saquen el mayor provecho posible a las siguientes actividades:

- Comidas en familia como un medio para fomentar la unidad. Esfuércense por tener al menos una cada día.
- Tranquilidad para dormir y descansar, tanto los niños como los papás.
- Momentos de diversión en familia que liberen el estrés del día, semana o mes.
- Domingos y días de descanso en los que vayan a Misa, se diviertan y dediquen tiempo a Dios y a la naturaleza (incluso Dios descansó el séptimo día).
- Salidas regulares de papá y mamá a solas para fortalecer su vínculo y divertirse.
- Días de vacaciones –además de aquellos dedicados a visitar las propias familias– para hacer más fuerte los vínculos del núcleo familiar.

Rezar juntos

Para poder llevar a sus hijos al cielo, deben orar con ellos y vivir las virtudes. El buen ejemplo de los papás comienza con llevar a los hijos semanalmente a Misa, orando juntos como familia y observando los Diez Mandamientos. Dale la bendición a cada uno de tus hijos cada mañana y ofrezcan su día a Dios. Dales la bendición también en la noche, antes de que se duerman. Reza y bendice tus alimentos en las comidas. Los papás se deben esforzar por ser lo mejor que puedan ante Dios, para crecer en su amor y gracia, abrazándose a las virtudes de la fe, la esperanza, el amor, la prudencia, la justicia, la fortaleza y la templa.

Tabla para la vida familiar

Con pocas palabras, rellenen cada espacio con sus ideas sobre cada tema. Fíjense en el ejemplo.

	Las ideas de él			**Las ideas de ella**		
	Quién	**Qué**	**Cuándo**	**Quién**	**Qué**	**Cuándo**
Vacaciones	*Él y los niños*	*Acampar*	*Temporada de caza*	*Esposo y esposa*	*Hotel en la playa*	*Días libres en invierno*
Tiempo libre en familia	*Papás e hijos juntos*	*Ver televisión*	*Después de cena*	*Cada quien por su parte*	*Leer libros*	*Después de cena*

	Mis ideas		
	Quién	**Qué**	**Cuándo**
Tareas diarias en casa			
Tareas semanales en casa			
Tiempo libre en familia			
Vacaciones en familia			
Ser condescendiente con los niños			
Educación de los hijos			

Revisen juntos las respuestas de cada uno y dialoguen sobre su futura vida familiar. ¿En dónde se complementan sus diferencias? ¿En dónde se necesita todavía más unión? (en el ejemplo, la pareja tiene varias cosas sobre las que debe hablar y comprometerse).

Para la reflexión personal y en común

1. ¿Qué cosas hicieron bien tus papás y que cosas buenas hubo en tu educación en la familia? ¿Qué cosas no fueron tan buenas? ¿Qué es lo que más valoras de tu futura esposa o esposo, y de su relación?

2. Hablen sobre cómo puede cambiar su matrimonio una vez que tengan hijos. Compartan sus ideas y sentimientos acerca de que uno de ustedes se quede en casa y suspenda por un tiempo su carrera profesional para cuidar a los niños. ¿Podrían vivir con un solo ingreso? ¿Cómo lo harían?

3. Reflexionen sobre la responsabilidad que tendrán en el bien espiritual de su hijo o hijos. Hablen sobre lo que esto significa para cada uno de ustedes y sobre lo que pueden hacer para mejorar su relación con Dios. Compartan entre ustedes algunas experiencias que tuvieron siendo niños sobre la oración, la fe, la religión y los sacramentos.

4. ¿Actualmente ustedes vigilan, cuidan o conviven con niños? ¿Cuál creen que vaya a ser el estilo de educación familiar que darán? Describan a su papá o mamá ideal.

5. Compartan algunos ejemplos de cómo los corrigieron sus papás cuando eran niños. Reflexionen entre ustedes sobre cómo creen ustedes que se debería corregir y castigar a un niño.

Reflexiones personales

La cohabitación

Cassandra L. Hough

En este capítulo...

- La verdad del matrimonio, del acto sexual y la doctrina católica
- Los falsos mitos sobre la cohabitación y la compatibilidad
- Transición al matrimonio y castidad

El primer año de matrimonio de Cristina y su esposo estuvo lleno de discusiones sobre cómo vivir juntos. Al haber vivido por separado antes de casarse, sienten que no tuvieron oportunidad de practicar la vida en común como, al parecer, otras parejas sí pudieron hacerlo por haber cohabitado. Quizás, antes del día de su boda, no conocían cómo era el otro en casa (ropa desdoblada por todas partes, montañas de libros y de facturas); pero una vez que los dos estuvieron bajo el mismo techo, sus hábitos se convirtieron en una fuente de constantes molestias.

¿Vale la pena esperarse antes de vivir juntos? Aunque la fe es una buena razón para vivir por separado antes del matrimonio, **las parejas dicen que quieren que su vida matrimonial sea algo nuevo y diferente** de sus experiencias anteriores. Al igual que Cristina y su esposo, las parejas que viven separadas hasta la boda, descubren que el pacto matrimonial indisoluble influye en gran manera en cómo responden a los hábitos del otro y en cómo tratan de superar los desacuerdos. Las parejas que cohabitan siguen teniendo la pregunta de la compatibilidad todavía en mente, sopesando frecuentemente si pueden o no vivir con los caprichos del otro. Las parejas que esperan para vivir juntos abordan sus "incompatibilidades" con una actitud más constructiva, tratando de encontrar la forma de vivir juntos, por toda la vida.

Los beneficios de vivir por separado antes de casarse reciben muy poca atención o reconocimiento. Actualmente, más del 60% de los primeros matrimonios ha cohabitado, mientras que medio siglo antes prácticamente ninguno lo hacía*. Ante ello, no debe sorprendernos que ahora sea la norma en la cultura americana. Los sociólogos discuten sobre los beneficios y riesgos de esta tendencia; los líderes de pastoral hablan de su influencia en la preparación matrimonial; y las parejas tienen preguntas acerca de su duración, finalidad y significado para la relación.

*The National Marriage Project and the Institute for American Values, *The State of Our Unions: Marriage in America 2012* (Charlottesville: The National Marriage Project and the Institute for American Values, 2012), 76

Seguir la auténtica enseñanza católica

En su exhortación apostólica *Familiaris Consortio*, el Papa Juan Pablo II escribe, "La Iglesia debe promover programas mejores y más intensos de preparación al matrimonio, para eliminar lo más posible las dificultades en que se debaten tantos matrimonios, y más aún para favorecer positivamente el nacimiento y maduración de matrimonios logrados" (no. 66). A la luz de estas palabras, queremos ayudar a las parejas a reflexionar en las decisiones, comportamientos y cualidades que mejor las preparan para un matrimonio feliz.
Es importante ser claros: vivir juntos no prohíbe en sí mismo poder casarse por la Iglesia Católica. El título VII del Código de Derecho Canónico (cc. 1083-1094) presenta una lista de las cualidades que se consideran impedimentos para contraer un matrimonio válido, como la impotencia, haber accedido a las Órdenes Sagradas, un voto público y perpetuo de castidad, parentesco y estar ligado a un matrimonio previo. Sin embargo, **si bien la cohabitación no invalida o impide el matrimonio, la Iglesia está fuertemente en contra de ella.**

¿Por qué?

Por cohabitación se entiende no solo compartir un techo, sino también acceder a la intimidad sexual antes del matrimonio. Aunque las relaciones prematrimoniales, al igual que la cohabitación, en sí mismas no impiden el matrimonio, la Iglesia es muy clara sobre el significado, sentido y propósito del acto sexual y sobre el lugar correcto para realizarlo, esto es, el matrimonio. La actividad sexual y los comportamientos de intimidad que la acompañan deben, según el pensamiento de la Iglesia, reservarse para el matrimonio precisamente porque son los únicos que expresan físicamente, de forma única y adecuada, la naturaleza íntima, de total entrega y unión que es la relación matrimonial. **El acto sexual expresa y hace presente de forma física el que los esposos siendo dos se hacen uno.**

Expresar esa unidad donde no existe –en otras palabras, tener relaciones fuera del matrimonio– es una seria ofensa y es abusar de la belleza de ese acto, del significado del matrimonio y de la dignidad del hombre y de la mujer. Juan Pablo II toca este tema en la exhortación Familiaris Consortio, cuando escribe que experimentar a través de un "matrimonio de prueba" (cohabitación) es contrario a la dignidad de la persona humana y al tipo de amor que su dignidad exige (no. 80). Por ello, la iglesia debe hablar en contra de la cohabitación y animar a todas las parejas activas sexualmente a que recurran al Sacramento de la Reconciliación para pedir perdón por cualquier ofensa en este campo y recibir la gracia que necesitan para vivir la verdad de Dios sobre el amor y la intimidad.

Además de los inconvenientes morales y espirituales, la Iglesia tiene otras reservas de carácter práctico sobre la cohabitación. El Catecismo dice que, a diferencia del verdadero matrimonio, la cohabitación no garantiza "la sinceridad y la fidelidad de la relación interpersonal entre un hombre y una mujer" ni la protege de "los vaivenes y las veleidades de las pasiones".

En pocas palabras, "el amor humano no tolera la 'prueba'" (no. 2391). Dicho de otra forma, uno no puede simplemente "hacer la prueba" de lo que sería estar casado por un tiempo. No hay forma de "probar" la fidelidad completa y definitiva, y el compromiso que son inherentes y esenciales al matrimonio verdadero y sacramental, ya sea a través de la cohabitación, las relaciones prematrimoniales o cualquier otro tipo de convivencia.

El verdadero amor

Algunas veces, un novio puede hacer peticiones como "si me amaras, entonces tú...". Dado que el amor y la intimidad son una donación de uno mismo, estos nunca pueden ser posesivos, condicionados, dañinos para la identidad de uno o para sus valores, o contrarios a la verdad.

¿De qué forma pueden las siguientes actividades expresar el amor cristiano? ¿De qué forma pueden distorsionar o ser una copia falsa del verdadero amor?

Acto de amor	Es real cuando...	Es falso cuando...
Pagar las comidas o las facturas / dar regalos		
Compartir las tareas que conlleva tener un hijo o una mascota		
Quedarse despierto hasta tarde o durante la noche		
Pasar tiempo con un adulto del sexo opuesto		
Involucrarse en un acto sexual sin completo interés o deseo		

Destruir los mitos

¿Las objeciones de la Iglesia tienen algo que ver con el hecho de que la cohabitación puede ser dañina para las parejas? ¿No debería cada pareja ser capaz de decidir si la cohabitación es buena o no para ella? Cada pareja tiene su propia historia y sus propias razones para optar por la cohabitación. Si bien todas las parejas son distintas, la mayoría tiende a cohabitar basándose en una de estas tres razones:

1. La cohabitación es mejor que vivir separados.
2. La cohabitación ayuda a probar la compatibilidad.
3. La cohabitación ayuda a evitar un divorcio en el futuro.

Examinemos estas afirmaciones para saber si la experiencia concuerda con lo que ellas prometen.

Es mejor vivir juntos antes del matrimonio que separados.

Para muchas parejas, la transición a vivir juntos parece que se da por sí sola. La pareja pasa noches junta varias veces a la semana y las cosas de una persona poco a poco comienzan a estar en la casa de la otra. La dificultad y el costo de vivir por separado a menudo empujan a las parejas a pensar que mudarse a un solo lugar es una mejor opción. **Por muy natural y lógica que pueda parecer esta transición, frecuentemente encierra una gran ambigüedad** sobre las intenciones de cada uno y sobre la aportación que hace cohabitar a la maduración de su relación y sus respectivos niveles de compromiso. Esta ambigüedad se vuelve problemática cuando pensamos en las limitaciones que conlleva para la relación vivir juntos. Compartir obligaciones y pertenencias –un crédito, muebles, mascotas, incluso quizás un niño– naturalmente hace más difícil una ruptura. Aunque las parejas crean que pueden fácilmente terminar con la relación en cualquier momento, **la inercia que resulta de la convivencia puede empujar a las parejas a permanecer juntas, a pesar de saber que no son compatibles** y puede hacer que se adentren en el matrimonio sin una comprensión clara, bien pensada y mutua del compromiso que contraen y sin saber realmente si son de verdad compatibles.

Además, la idea de que cohabitar es mejor desde el punto de vista financiero, es engañosa. Si bien las parejas que viven en cohabitación pueden buscar las ventajas de compartir los gastos básicos, cohabitar a menudo no conduce a mayores ahorros. Los ahorros no dependen únicamente de los recursos y energías compartidos por la pareja. La manera en que la pareja decide gastar o invertir su dinero es también un factor clave, junto con la cantidad de dinero que destinan a un fondo común. Aquí, el nivel de permanencia y mutua dependencia dentro de la relación marcan la diferencia. Las parejas que viven en cohabitación, de hecho, combinan sus recursos menos que las que están casadas. Como resultado, la riqueza que poseen al final es semejante a la de la gente soltera y considerablemente menor a la de las parejas casadas. No es solo la pareja la que ve poco crecimiento en sus ahorros (si lo hay), sino que al final tienen más limitaciones al no contar con el nivel necesario de compromiso y con la intención de sobrellevar juntos los diversos compromisos económicos.

El que haya más parejas cohabitando está relacionado con dos formas diversas de ver el matrimonio. La primera no valora el matrimonio y piensa que solo importa el amor; el matrimonio no sería otra cosa que un documento legal. Esta forma de ver el matrimonio se generalizó entre los jóvenes en los años setenta y ochenta, cuando la cohabitación comenzó a extenderse en la cultura americana. Sin embargo, más recientemente los hombres y las mujeres justifican la cohabitación dándole mucha importancia al matrimonio. Con los índices de divorcio rondando el 40 y el 50%, **muchos adultos tienen un fuerte deseo de evitar el divorcio y tener éxito en el matrimonio**, y creen que "haciendo la prueba" y probando su compatibilidad por medio de la cohabitación podrán asegurar su futura estabilidad matrimonial, felicidad y éxito.

La cohabitación pone a prueba la compatibilidad.

Desafortunadamente, la cohabitación no es un buen medio para probar la compatibilidad. Incluso viendo la relación de esta forma, la pareja se habitúa a medir los obstáculos y las tensiones en una especie de "escala de compatibilidad", basada por lo general en cuanto se opone a la satisfacción personal. Todo ello acostumbra a cada uno a anteponer su propia comodidad y preferencias a cualquier otra cosa y a ser muy crítico con los defectos de la otra persona. Si la escala siempre está inclinada en la dirección de "incompatible", siempre habrá la posibilidad de decir "fallamos" y marcharse.

En el caso de las parejas que sí llegan al matrimonio, estos hábitos a menudo permanecen o reemergen, y muestran ser destructivos para un matrimonio feliz y estable. En un matrimonio, un hombre y una mujer están unidos por un vínculo indisoluble, que se distingue por la misericordia y la fidelidad. Las únicas escalas son la virtud y la verdad. Su actitud debe ser siempre a favor de la relación, orientada a encontrar una salida juntos y no a rendirse ante los defectos del otro o de la relación misma. **No importa qué tan comprometida esté una pareja que vive en cohabitación, al final nadie diría que su compromiso es indisoluble.**

Nosotros coincidimos

Da una calificación a las afirmaciones que aparecen abajo, encerrando el número que mejor refleje tu pensamiento.

1. Como pareja, nuestra compatibilidad es...	5	4	3	2	1
2. Mi amor por mi prometido o prometida es...	5	4	3	2	1
3. Mi fe y mi amor a Jesús son...	5	4	3	2	1
4. Mi interés en el matrimonio es...	5	4	3	2	1
5. Mi nivel de compromiso en esta relación es...	5	4	3	2	1
6. Mi disponibilidad para el sacrificio es...	5	4	3	2	1

Sumen sus respuestas y si su total es...

25–30 puntos	¿Qué esperan para casarse?
19–24 puntos	Van por el camino correcto. Aprovechen este tiempo de preparación para crecer en la fe, la confianza, la unidad y la comprensión recíproca.
13–18 puntos	Su camino hacia el matrimonio puede ser largo y duro. Tomen un poco de tiempo para discernir sus verdaderos deseos y presenten sus preocupaciones con honestidad a su pareja. Busquen ayuda fuera de su relación antes de comprometerse más.
6–12 puntos	¿De verdad quieren estar aquí? Consideren seriamente si su pareja es realmente la persona indicada para dar el paso al matrimonio.

¡Aún no terminan! Compartan sus respuestas y “hagan cuentas” con su prometido o prometida. Si les sorprende lo que ven, no se desanimen. Dios tiene un plan para ustedes dos y juntos podrán encontrar la verdad.

5 - Absoluto(a)

4 - Fuerte

3 - Moderado(a)

2 - Débil

1 - Ninguno(a)

Cohabitar ayuda a evitar un divorcio más adelante.

En la cohabitación hay muchos factores y variables: si la pareja poco a poco se descubre a sí misma cohabitando por si toman una decisión clara de prepararse para el matrimonio, la edad de la pareja, el momento (por ejemplo, mudarse antes o después de estar ya comprometidos), el número de veces que uno de ellos ya ha vivido en cohabitación (por ejemplo, haber vivido así varias veces) y otras limitaciones de la relación como, por ejemplo, un hijo. Las parejas que paulatinamente terminan viviendo juntas, que comienzan a vivir juntos antes de haber tomado una decisión lúcida de casarse, las que son muy jóvenes o ya han cohabitado con una o varias personas antes que su esposo o esposa, tienen un mayor riesgo de divorciarse. Por otro lado, aquellas que toman una decisión clara de casarse antes del cohabitar y las que solo han cohabitado con su esposo o esposa tienen más probabilidades de éxito en el matrimonio.

Esto no significa, sin embargo, que una vez que la pareja está comprometida pueden ya vivir juntos o que vivir juntos es una buena idea si existe ya un compromiso mutuo. Las personas que se comprometen en matrimonio pueden todavía abandonar ese compromiso y algunas, de hecho, lo hacen. Además, algunos estudios demuestran que **el riesgo de divorcio está relacionado con las mismas relaciones prematrimoniales.** Por tanto, se puede decir que la cohabitación es un riesgo para aquellos que quieren evitar el divorcio simplemente por la relación que tiene con las relaciones prematrimoniales y la intimidad.

La transición al matrimonio

La Iglesia quiere ayudar a las parejas a llegar al matrimonio con la menor cantidad posible de riesgos, a superar cualquier reto y a acercarse al matrimonio sacramental de la mejor forma posible. Si tú estás cohabitando y te estás preparando para el matrimonio, ya estás en el camino correcto. Aunque la cohabitación está asociada con un mayor riesgo en el matrimonio, pueden escoger seguir en un camino resbaloso o comenzar a practicar desde ahora las actitudes y comportamientos que mejor los prepararán para un matrimonio feliz y sano.

Es importante que tomen una decisión sincera y bien pensada de casarse sin dejarse llevar por la inercia y pasar a lo que parecería ser la siguiente etapa natural. Un matrimonio feliz no se sostiene por la decisión que haces el día que aceptas casarte. El matrimonio solo comienza con una decisión para comprometerte con tu esposo o esposa, y se sostiene por la decisión diaria de llevar a término aquel compromiso y de amarse recíprocamente de manera incondicional.

En el matrimonio asumimos una mayor responsabilidad por el bienestar de nuestra esposa o esposo. Por amor, hacemos un esfuerzo para ser mejores y aceptar el privilegio de ayudarnos recíprocamente a buscar, conocer, seguir y amar a Cristo y sus enseñanzas. La mayoría de las parejas ya comprometidas entienden que deben actuar buscando siempre lo mejor para el otro. Sin embargo, puede suceder que no se den cuenta de que la vida espiritual y moral de nuestra vida a menudo afecta nuestra esfera física y emocional. Si entendemos cómo las enseñanzas de la Iglesia son compatibles con la ciencia y la razón humana, y conducen a una fecundidad humana, la decisión de vivir separados y en castidad antes del matrimonio entonces tiene sentido. **La castidad no solo ayuda a una pareja a correr menos riesgos en el matrimonio, sino que también prepara sus almas para recibir la gracia matrimonial** y expresa su amor con creatividad, dominio de sí mismos y sin egoísmos.

Es fácil que la intimidad sexual distraiga u opaque otras formas de conocer y amar a una persona. Cuando una pareja vive por separado y practica la castidad, necesita encontrar otras formas de pasar el tiempo juntos, medir su compatibilidad y expresar su afecto.

Comparten sus vidas como se hace en cualquier otra amistad profunda y sincera, que es en el fondo aquello en lo que se funda el amor matrimonial.

Vivir en castidad también crea más oportunidades para mirar juntos más allá de la relación, hacia la familia política, los amigos y compañeros de trabajo. Estas comunidades probarán ser una fuente necesaria de apoyo, mientras se preparan para la vida matrimonial. Siempre de forma confidencial, **vas a necesitar pedir el punto de vista de amigos y familiares que te conocen aquí y a tu pareja** a medida que vayas afrontando decisiones difíciles y obstáculos en tu relación.

Además, le permite a tu relación funcionar y desarrollarse dentro de una comunidad de fe, acogiendo a Dios y a su Iglesia en sus actividades y decisiones. Con la ayuda de los sacramentos y de su relación con Jesús, tú y tu futuro esposo o esposa encontrarán el alimento y la guía para llegar al matrimonio con confianza y vivirlo como se debe.

La cohabitación tiene poco que ofrecer a la preparación matrimonial. Pero la Iglesia, con su sabiduría y gracia, les ofrece mucho. Si ustedes ya han probado la cohabitación, un camino hacia el matrimonio con más riesgos, ¿por qué no prueban ahora el gozo de un amor fiel y para toda la vida?

Su historia de salvación

El capítulo sobre la sexualidad describe la castidad matrimonial como una "historia de salvación", la cual comienza con "la atracción y se desarrolla con el tiempo hasta llegar a un amor profundo que nace del compromiso". En el espacio de abajo, describe y visualiza tu camino hacia la castidad matrimonial, comenzando con las primeras lecciones y experiencias y terminando con una sexualidad santa y comprometida con tu esposo o esposa.

Si en estos momentos están cohabitando o están en una relación en la que se involucran también sexualmente, busquen progresar desde el contexto en que se encuentran. Piensen en algunos pasos o cambios que podrían hacer para vivir la castidad en sus vidas. ¿Cómo vas a superar los retos que esto implica para que ambos puedan llegar a un matrimonio sacramental de por vida?

La cohabitación

Para la reflexión personal y en común

1. Compartan entre ustedes cuáles fueron las razones que lo llevaron a vivir juntos. ¿Cuáles fueron sus intenciones, al momento de tomar la decisión, para esta relación de intimidad futura? ¿Alguno de los tres mitos antes mencionados les parecen familiares o creen que pueden ser verdad?
2. Dialoguen entre ustedes sobre cómo han cambiado sus ideas sobre la cohabitación desde que leyeron este capítulo. ¿Cómo puede ayudarles la castidad a prepararse para el matrimonio? ¿Qué va a significar para ustedes ser castos desde ahora hasta después de su boda?
3. ¿Cuáles son los pros y los contras de vivir por separado frente a vivir juntos antes del matrimonio? Si no estás de acuerdo con vivir separados o ser castos, habla con honestidad de tus razones para ello y discute los efectos reales y potenciales, y las consecuencias que puede tener esa decisión.
4. Piensa en cómo empiezas y terminas tu día, en cómo te preparas para dejar tu casa y para ir a dormir. ¿Qué actividades importantes necesitas realizar cada día? ¿Cuáles de ellas se pueden dejar para después? Menciona los cinco momentos más importantes y los cinco menos importantes de tu rutina diaria.

   A. *Más importantes*
   -
   -
   -
   -
   -

   B. *Menos importantes*
   -
   -
   -
   -
   -

5. ¿Cuánto tiempo necesitas pasar a solas? ¿Qué parte del día disfrutas estando a solas para terminar pendientes o simplemente para descansar? Habla de tus necesidades y de cómo estas necesidades pueden satisfacerse una vez que estés casado. Hablen si es o no necesario destinar algunas áreas de su casa o de su tiempo para sus pasatiempos personales, si los tienen.

Reflexiones personales

Anulación y convalidación

Joann Heaney-Hunter, PhD

En este capítulo…

- El matrimonio cristiano está llamado a ser para siempre; sin embargo, hay también excepciones.
- Si bien los detalles y las experiencias varían mucho, la esencia del proceso de anulación es idéntico en todas partes.
- Los matrimonios civiles son reconocidos por la Iglesia a través de la *convalidación.*

Tu Matrimonio

El Catecismo dice que **el matrimonio de dos personas bautizadas es un Sacramento, abierto a la vida** y que debe ser celebrado en la presencia del ministro de la Iglesia y otros testigos en un lugar sagrado (1631-32). A pesar de que la disciplina de la Iglesia es clara, por muchas razones un número considerable de parejas no sigue la enseñanza de la Iglesia para la celebración del matrimonio.

Muchos católicos, incluso los practicantes, pueden no entender completamente los matices de las enseñanzas de la Iglesia sobre el matrimonio. Por ejemplo, los párrocos y otros ministros cuentan anécdotas de gente que no quería casarse en la Iglesia porque no habían sido confirmados o porque su pareja no era católica. Estos católicos no fueron rechazados; simplemente no se acercaron a la Iglesia porque "alguien", por lo general un familiar o un amigo, les dijeron que no podían casarse por la Iglesia. Algunas de estas parejas se sorprenden mucho cuando escuchan que su matrimonio civil puede ser válido realizando la ceremonia católica conocida como convalidación.

También hay malentendidos sobre cómo mira la Iglesia Católica el divorcio y los segundos matrimonios. De hecho, un estudio de 2011 dirigido por CARA (Centro para la Investigación Aplicada al Apostolado, por sus siglas en inglés) mostró que solo el 15% de los católicos practicantes busca la anulación después de un divorcio. Podemos sacar más de una conclusión de esta estadística:

1. Los católicos rechazan el requisito de la anulación antes de un segundo matrimonio
2. Los católicos no tienen suficiente información sobre lo que se debe hacer para obtener la anulación
3. Los católicos creen que el procedimiento para obtener la anulación es muy difícil de seguir.

La Iglesia, por ello tiene aquí una oportunidad para ofrecer el cuidado pastoral a estas parejas. En este capítulo se darán orientaciones para las parejas que buscan la anulación y/o volverse a casar en la Iglesia y también guiará a esposos que quieren convalidar su matrimonio. El capítulo explica los respectivos procesos y cómo ellos pueden ser fuente de paz y esperanza.

Desvelar la verdad

Las siguientes afirmaciones se han asociado con las enseñanzas de la Iglesia sobre el matrimonio. ¿Son verdaderas o falsas? Si son falsas, ¿podrías modificar la afirmación para que sea verdadera?

1. Los católicos divorciados están en pecado. T F

2. La Iglesia no reconoce el matrimonio civi. T F

3. Si no eres católico, no necesitas la anulación. T F

4. Las anulaciones tardan mucho tiempo y son muy caras. T F

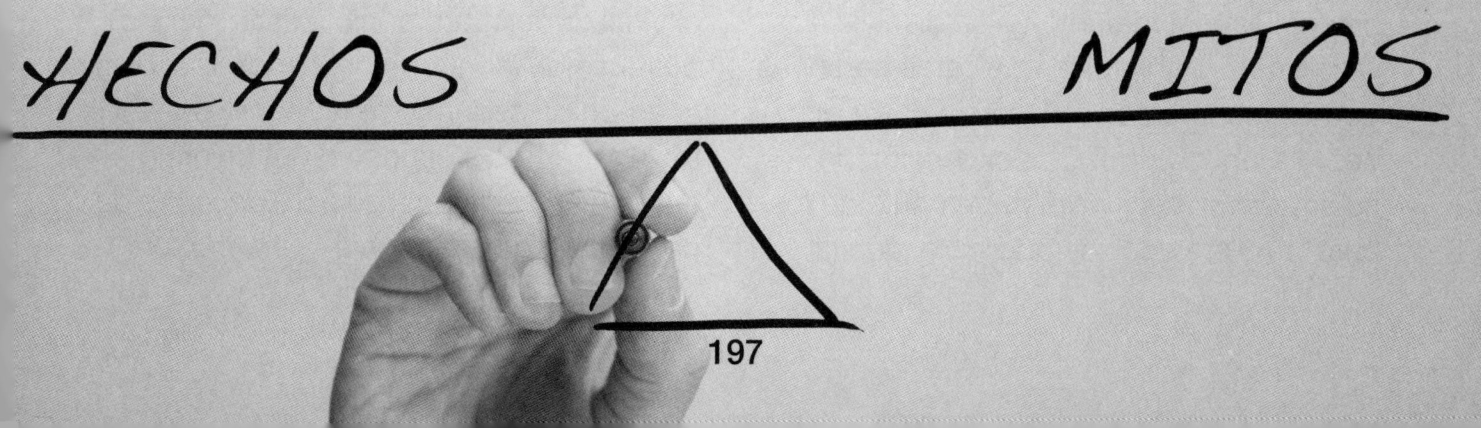

El matrimonio cristiano a lo largo de la historia

Durante siglos, ha habido veces en que las relaciones se rompen, incluso cuando la pareja ha hecho todo lo posible para seguir juntos. Cuando los esposos pasan por un divorcio, la Iglesia quiere hacer todo lo posible para ayudarlos, incluyendo la posibilidad de poderse casar de nuevo. La Iglesia acoge a todos los que quieren estar nuevamente en contacto con la comunidad de fe y prepararse para el matrimonio después de un divorcio y la anulación es una forma de empezar de nuevo.

Desde los tiempos de la Iglesia primitiva, se entendió que el matrimonio de los cristianos era permanente. Sin embargo, en una época tan temprana como a mediados del siglo primero, **cuando las cartas de Pablo fueron escritas, se entendía que algunos matrimonios podían disolverse.** En el caso de los paganos casados, si uno se convertían al Cristianismo y el otro no, podían surgir conflictos. Esto era particularmente cierto, cuando los cristianos convertidos eran perseguidos e incluso martirizados. Por ello, si el esposo o esposa pagano no quería permanecer casado con un cristiano, el matrimonio se disolvía. En 1 Corintios 7, Pablo dice que estas personas pueden separarse y volverse a casar en paz (1 Cor 7:12-15). Con excepción de esta razón específica el matrimonio de los cristianos era considerado para toda la vida, incluso si los esposos no eran felices. Una vez que se hacía un compromiso para toda la vida, este se respetaba.

El Evangelio también describe cómo era el matrimonio entre los seguidores de Jesús. Marcos y Mateo dicen que el divorcio no es aceptable, citando Génesis 2, en donde se dice que los dos serán una carne (Mc 10:6-9; Mt 19:6-9). Mateo dice que puede haber una excepción por porneia, una palabra que la New American Bible traduce como matrimonio ilegal (unlawful) y hace referencia al incesto; sin embargo, a diferencia de la tradición judía, en la cual un esposo podía divorciarse de su esposa, **la indisolubilidad fue la norma para el matrimonio cristiano** (Mt 19:1-9; ver también Mt 5:31-32).

Para principios del siglo V, los teólogos que se expresaban en latín, como san Agustín, explicaron que la única cosa que puede dar por terminado un matrimonio es la muerte. Incluso si alguien se ha separado de su esposo o esposa por una razón seria como el adulterio, esa persona no puede volver a casarse hasta que muera su esposo. En la Iglesia de habla griega, el vínculo del matrimonio existía incluso después de la muerte del esposo. Si bien se toleraba un segundo matrimonio después de la muerte del esposo o del divorcio – aunque esto era posible solo después de un periodo de penitencia–, una persona era tenida por virtuosa si permanecía sin casarse. San Juan Crisóstomo, que escribió a inicios del siglo V, animaba a una joven viuda a honrar su primer matrimonio de forma que pudiera estar con su esposo por toda la eternidad en el cielo.

Un proceso formal de anulación, una declaración de que el matrimonio en realidad nunca existió, comienza a aparecer en la Iglesia **a inicios del siglo XIII. Este proceso evaluaba si el matrimonio había sido o no un verdadero sacramento**. Por lo general, en aquel tiempo, la única razón para anular un matrimonio era que este no se hubiera consumado. Aunque la tendencia seguía adelante, no fue sino hasta la década de 1970 que las anulaciones fueron concedidas por otras razones que no fueran una severa enfermedad mental, la no consumación o alguna otra causa igualmente seria.

Para finales de la década de 1970, los tribunales (las cortes de la Iglesia) en los Estados Unidos comenzaron a reconocer otras causas para declarar la nulidad. Por ejemplo, se evaluaba la capacidad de juicio y la madurez de las partes y se determinaba si había o no factores psicológicos que hicieran a una persona incapaz de vivir en una relación permanente. Algunos problemas de la familia de origen como alcoholismo o abusos sexuales, por ejemplo, podían nublar el juicio de una persona e influir negativamente en la estabilidad del matrimonio.

El proceso de anulación

El proceso de anulación, aunque es semejante en toda la Iglesia, puede variar de una región a otra. Su duración, el uso de abogados canónicos y los costos pueden variar, pero la esencia del proceso –investigar lo que sucedió antes del matrimonio a través de las declaraciones del solicitante (la persona que pide la anulación) y los testigos, y hacer un juicio de que el matrimonio fue o no un verdadero sacramento– es idéntico en todo el mundo. Ordinariamente, el proceso de anulación comienza después de que la pareja ha concluido todo el proceso de divorcio y el solicitante presenta el acta. El caso puede iniciarse en su parroquia, pero será adjudicado a un tribunal local diocesano.

El número de anulaciones otorgadas en el mundo varía mucho. Según CARA, el 49% de las anulaciones del mundo se llevan a cabo en los Estados Unidos.

Esto refleja tanto la accesibilidad del personal de los tribunales diocesanos como la cultura de la comunidad católica de los Estados Unidos.

Primer contacto y recopilación de la información

El solicitante provee información básica sobre él o ella y su anterior ex cónyuge. La información que se solicita, si bien depende de cada caso, suele ser:

- Nombres y direcciones
- Fechas de nacimiento
- Nombres y religiones de los papás de ambos
- Fechas e iglesias / lugar de bautismo o bautismos y matrimonio
- Fecha del divorcio
- Número de hijos de esa unión
- Cualquier matrimonio previo o subsiguiente, incluyendo información sobre el futuro esposo (si es el caso).

La mayoría de los tribunales piden copias del certificado de Bautismo del solicitante, certificado del matrimonio católico y los papeles del divorcio. En algunas diócesis, puede hacerse por teléfono; en otras, lo hace personalmente un abogado canónico. El personal dedicado a esta tarea está preparado de manera específica y entiende a fondo el proceso de anulación.

El solicitante entonces comienza a trabajar con el oficial que le tomó los datos generales para desarrollar una breve declaración sobre porque él o ella creen que debe concederse el anulación. La **declaración debe decir lo que no estaba bien desde el inicio de la relación**, no solo desde el inicio del matrimonio, porque solo un matrimonio donde un elemento fundamental falta desde antes de la boda, puede ser anulado.

Texto del solicitante y declaraciones

El solicitante escribe un documento amplio sobre su vida y la de su ex esposo o ex esposa. El documento debe incluir una descripción de la niñez, tanto del solicitante como del ex cónyuge, incluyendo el estilo de vida de cada familia y un análisis concienzudo del noviazgo. Sigue una evaluación del día de la boda (para ver si hubo algunos problemas en la ceremonia o en la recepción) y un análisis de cuándo comenzaron los problemas matrimoniales. Esta puede ser una tarea difícil y algunos la encuentran costosa y emocionalmente desagradable. Si bien algunos sienten que la preparación de este documento "escarba" elementos dolorosos del pasado, sin embargo es necesaria para ofrecer la información que ayudará a los oficiales del tribunal a determinar si la anulación puede concederse.

El solicitante debe ofrecer declaraciones de testigos que pueden corroborar la información que este o esta presentó en su documento. Lo ideal es que los testigos sean personas que conocieron a la pareja antes y durante el matrimonio, y que pueden hablar de las dificultades que esta encontró. Algunas diócesis prefieren incluso que al menos uno de los testigos no pertenezca a la familia inmediata del solicitante.

Audiencia y veredicto

Un juez asignado revisa los documentos para asegurar que estén completos y se contacta al solicitante para una audiencia. Esta audiencia no es un proceso entre adversarios como sucede en un divorcio. Su finalidad es simplemente asegurar que toda la información esté bien y permite al solicitante responder a las preguntas que podría tener el juez. El juez preside la audiencia y **un canonista llamado "defensor del vínculo" se asegura de que el procedimiento establecido por la Iglesia se siga correctamente y de que no haya contradicciones** en la evidencia.

Una vez que se toma una decisión, los documentos del caso se envían a lo que se llama "corte de segunda instancia". Se trata de un grupo de canonistas de diversas diócesis que revisa las anulaciones dadas en la región. **Una vez que ellos confirman la declaración del tribunal, se concede la anulación.**

¿Quién puede obtener una anulación?

No hay reglas rígidas o simples para determinar quién puede recibir una anulación. Algunas anulaciones llevan poco tiempo y otras se extienden por décadas. La presencia de hijos tampoco hace el caso más difícil. Los interesados pueden tener muchos hijos o hijas con su anterior cónyuge y aun así demostrar que su matrimonio no fue un verdadero sacramento.

Algunas personas tienen miedo de que la anulación haga que sus hijos se conviertan en hijos ilegítimos. Esto de ninguna forma es el caso. **Cuando se concede una anulación, sigue habiendo todavía un matrimonio civil.** Los hijos de aquella unión son legítimamente hijos de un matrimonio legal y seguirán siendo vistos así, tanto después de la anulación como del divorcio.

¿Podemos (puedo) volvernos a casar en la Iglesia?

Por supuesto, la declaración de nulidad lleva tiempo. Los tribunales aclaran que presentar los documentos no es garantía de que se recibirá la anulación, por lo que piden a las personas que no hagan planes para una boda futura hasta que no tengan el decreto definitivo. De hecho, **no se permite a las parroquias asignar una fecha para una boda hasta que no se haya concluido el proceso** y es posible que se pida a las parejas hablar con un psicólogo sobre el tema de la anulación. Por lo general, la diócesis espera a escuchar el parecer del psicólogo antes de emitir el decreto.

La Iglesia Católica se toma en serio y quiere protegerlo de cualquier cosa que lo pudiera volver trivial. También desea ayudar a fortalecer el contacto mutuo y con la Iglesia misma. La doctrina y las reglas en torno al matrimonio y al divorcio existen para preservar la sacralidad del sacramento.

Ten por seguro que las parroquias están preparadas y deseosas de ayudar a las parejas para organizar su boda católica tan pronto como se concluya el proceso de anulación. Mientras una pareja espera, pueden preguntar en la parroquia cuáles son los pasos necesarios para prepararse al matrimonio. Los párrocos y otros miembros del equipo parroquial harán todo lo posible para adaptarse a sus necesidades.

Convalidación

Muchas parejas católicas se casan fuera de la Iglesia. Algunas lo hacen porque uno de los esposos no puede casarse por la Iglesia a causa de un matrimonio previo; muchas otras prefieren tener la ceremonia en un lugar distante, en el mismo lugar donde se tiene la recepción o donde es más conveniente para los invitados. En algunos países, se requiere un matrimonio civil aparte de la ceremonia religiosa para establecer los derechos legales de la unión. Las parejas pueden incluir oraciones y lecturas de la Escritura en su ceremonia civil y pueden tener incluso a un ministro religioso presidiendo el acto, pero **sin la participación de una parroquia católica, la boda no se realiza de una forma adecuada** y no puede considerarse un matrimonio católico.

Algunos esposos más tarde desean establecer relaciones más cercanas con la comunidad de la Iglesia. A menudo, cuando los papás vienen a la Iglesia para bautizar a su primer hijo, se les pregunta acerca de su situación matrimonial para incluirla en el registro del Bautismo. Naturalmente, la Iglesia se preocupa por esos niños y quiere ayudar a los padres a instruir a sus hijos en su fe católica. **Los papás que practican su fe regularmente pueden enseñar a sus hijos con su propio ejemplo al participar ellos primero en los sacramentos** y orando con la comunidad de fe.

Si una pareja no pudo tener una boda en la Iglesia a causa de un divorcio previo o algo semejante, un párroco o ministro de pastoral podría investigar sobre las circunstancias y ayudarles a comenzar el proceso de anulación. Si es posible, les ofrecerá también la posibilidad de convalidar su matrimonio, esto es, recibir la bendición para un matrimonio civil ya existente, y les ofrecerá el cuidado pastoral apropiado para que puedan celebrar los sacramentos.

¿Cómo funciona la convalidación?

Todas las convalidaciones están gobernadas por las leyes tanto de la Iglesia como del Estado. Por ejemplo, en algunos estados, la pareja debe solicitar permiso para un nuevo matrimonio antes de que se pueda realizar la convalidación. La pareja debe seguir las leyes de cada Estado antes de que cualquier ceremonia de matrimonio católico pueda tener lugar.

Las parejas que están buscando una convalidación por lo general siguen un proceso similar al de otras parejas que se están preparando para el matrimonio en la iglesia. Primero proporcionan información básica, la cual asegura que son libres para casarse en la Iglesia. Algunas diócesis piden a las parejas que completen un cuestionario prematrimonial y que tengan un periodo de "preparación matrimonial" –educación y formación espiritual sobre lo que enseña la Iglesia acerca del matrimonio–, igual que sucede con cualquier primer matrimonio (*el presente texto, si se sigue bajo la dirección de un líder parroquial o ministro, cumple muchos de los requisitos de la preparación matrimonial*). Una vez que se han completado todos estos elementos, la pareja renueva sus votos en una ceremonia católica, junto con sus amigos y familiares para celebrar la nueva relación que tienen con la Iglesia.

Algunas personas preguntan sobre qué tipo de ceremonias se "permiten" para las convalidaciones. Las costumbres varían, pero podemos decir que la ceremonia de convalidación ¡se parece mucho a cualquier otra boda! Van desde una sencilla ceremonia con los familiares y amigos más cercanos hasta un evento con muchos participantes y todo lo que esto conlleva. Independientemente del tipo de ceremonia, una convalidación es una ocasión para alegrarse, porque las parejas escogen recibir la bendición de la Iglesia para su matrimonio.

Si hubiera sabido entonces...

La gente que vuelve a casarse, que vuelve después de un tiempo de ruptura o renueva sus votos del matrimonio, tiene una oportunidad única para ver su relación o relaciones desde un punto de vista externo. Uno de los principales objetivos de la preparación matrimonial es ayudar a la reflexión interna y al diálogo mutuo necesario para llegar a una maduración personal y también para madurar la relación.

Completa cada una de las oraciones de abajo con la palabra o frase que mejor expresa tus convicciones y sentimientos.

1. Cuando pienso en mi (anterior) esposo o esposa, yo...

___

___

2. En estos momentos lo que más lamento es...

___

___

3. Cuando veo a mi pareja actual, yo...

___

___

4. Los cambios que me gustaría ver en el futuro son...

___

___

Para la reflexión personal y en común

1. ¿La historia y doctrina de la Iglesia sobre el divorcio y las segundas nupcias cambian tu percepción del matrimonio para el que te estás preparando ahora? ¿Por qué sí o porque no?

2. Hablen entre ustedes sobre cómo sus familias de origen ven el divorcio y el volverse a casar. ¿Cuáles son las diferencias, en caso de que las haya? ¿Tu forma de ver el divorcio ha cambiado desde tu niñez? Si es así, ¿de qué forma?

3. ¿Qué paso o parte del proceso de anulación o convalidación te parecen los más difíciles? ¿Por qué?

4. (a) ¿Cuáles son los posibles beneficios para ti y para este matrimonio al haber pasado por el proceso de anulación?

   (b) Discutan entre ustedes cómo el hecho de convalidar su matrimonio va a beneficiar a su relación y a la intimidad que hay en ella. ¿Qué cambios esperas que haya, si esperas que los haya, en tus prácticas religiosas y en tu relación con Dios?

Reflexiones personales

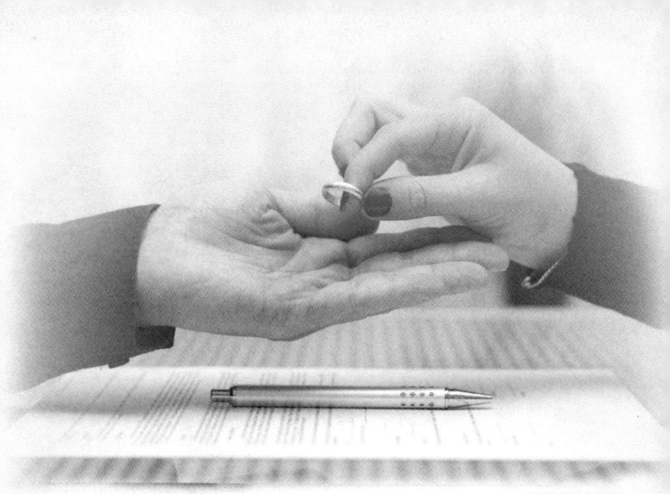

Matrimonios intereclesiales y matrimonios interreligiosos

Daniel J. Olsen, PhD

En este capítulo…

- La Iglesia Católica permite y reconoce los matrimonios entre personas de diversas religiones.
- Existen retos comunes en cuanto a la boda, la familia y los hijos.
- Sus respectivas comunidades pueden y deben guiarlos y apoyarlos.

in·ter·church mar·riage

/matrimõnjo / ĩn̯ter / eklesjal/

matrimonio entre un católico bautizado y otro cristiano bautizado (luterano, episcopaliano, ortodoxo, reformado, etc.). Estos matrimonios también han sido llamados "interdenominacionales", "ecuménicos" o simplemente "matrimonios mixtos" y presuponen cierto compromiso con alguna iglesia.

Ma-tri-mo-nio in-ter-re-li-gio-so

/matrimõnjo / ĩn̯terelixjoso /

matrimonio en el que están involucrados esposos de diferentes tradiciones religiosas (no bautizados, judíos, musulmanes, hindúes, etc.). También puede ser un matrimonio entre un cristiano y un ateo o no creyente.

Con algunas pocas excepciones, prácticamente todas las tradiciones religiosas y comunidades están de acuerdo en que el matrimonio es una institución social fundamental que forja vínculos religiosos, culturales y familiares. El ritual de la boda es un evento fundamental en la vida de una pareja, la cual proclama públicamente sus diversos compromisos con la fe, la familia y el cónyuge. ¿Qué sucede, sin embargo, cuando uno se casa fuera de la propia tradición religiosa? ¿Cómo se puede forjar una unión durable y llena de amor cuando las propias prácticas y creencias religiosas no concuerdan fácilmente con las del futuro esposo o esposa? ¿Cómo hace uno para equilibrar las diversas convicciones familiares y culturales en un hogar unido y estable? Los matrimonios entre cristianos o entre miembros de diversas religiones a menudo enfrentan retos únicos, pero estos matrimonios pueden ser ocasión de dones únicos para sus respectivas familias y comunidades de fe.

Actualmente, en los Estados Unidos, **más del 40% de los católicos romanos se casa con miembros de otras iglesias cristianas o de otras religiones. Este hecho muestra un** rápido crecimiento en los matrimonios de diversas confesiones cristianas o religiones.

Definan su fe

Para tener más claridad acerca de sus creencias religiosas, completen las oraciones que aparecen abajo.

- Por lo que ve a la religión, me identifico a mí mismo como…

- Creo que Dios es…

- El texto o textos religiosos o el credo que yo sigo es…

- Describiría mi espiritualidad como…

- Cuando me enfrento a dificultades morales o sociales, yo…

- Cuando pienso en la muerte o en la vida en el más allá, yo…

Dependiendo de la educación que recibiste en casa sobre la fe, es posible que uses palabras que tu prometido o prometida no pueda entender. ¿Cómo definirías o describirías los siguientes términos?

- Alianza:
- Fe:
- Gracia:
- Justicia:
- Ley:
- Sacramento:

El matrimonio intereclesial: un don y un sacrament

Dado que ambos esposos son cristianos, unidos en Cristo y en un Bautismo válido, los matrimonios intereclesiales tienen un particular don de la gracia. Como han enseñado los últimos papas, **las familias intereclesiales pueden hacer una valiosa contribución para alcanzar la meta de la completa unidad de los cristianos.** Al vivir juntos mientras están vinculados a diversas tradiciones cristianas, los matrimonios intereclesiales pueden identificar los obstáculos que debe afrontar el ecumenismo, incluso si aprecian los dones que los cristianos comparten en el presente. Las parejas intereclesiales pueden ayudar a sus amigos, familias y respectivas iglesias a superar los malentendidos y temores comunes del presente.

Además de reconocer su bondad, la Iglesia Católica considera a los matrimonios intereclesiales como un Sacramento, del mismo modo que lo hace con los matrimonios entre católicos. Al ser un Sacramento, el matrimonio cristiano ofrece a las parejas la gracia para imitar en sus vidas el amor que Cristo muestra a su Iglesia (Efesios 5:21-33). Otras iglesias cristianas podrían no reconocer al matrimonio como un sacramento, pero están claramente de acuerdo en que el matrimonio es una alianza santa que une a una pareja con Dios y entre sí a través del amor.

Diálogo y relaciones interreligiosas

En las últimas décadas, diversos líderes religiosos han dado mucha importancia a aprender más sobre las creencias y prácticas que los miembros de otras religiones consideran importantes. Este diálogo a menudo comienza con establecer una relación personal y animada por la oración con los miembros practicantes de otros credos. Establecer una amistad le permite a uno entrar en un diálogo constructivo sobre los valores religiosos, las creencias y las prácticas. **Las relaciones interreligiosas que conducen al matrimonio, por tanto, pueden marcar la pauta de manera eminente al diálogo interreligioso**, al colocar sus discusiones sobre los valores dentro de un contexto centrado en el amor y el respeto recíprocos. A medida que estos esposos crecen en su amor recíproco, el respeto por las convicciones religiosas de su cónyuge a menudo también crece. Este crecimiento en la comprensión y el amor puede ser un valioso don en un mundo cada vez más pluralista.

Para los cristianos, **Dios es Trinidad, tres en uno, el mejor modelo del amor relacional** que todos los hombres buscan. Los esposos cristianos están llamados a imitar ese amor lo mejor que puedan, esforzándose por vivir en amistad y unidad en medio de las dificultades. Para poder ser fiel a tus votos y promesas, tendrás que vivir tus convicciones y prácticas religiosas con mayor conciencia, posiblemente en formas en que otros no lo harían. La profunda comprensión y amor que nacen de esta forma de vivir la fe pueden convertirse en una primavera espiritual que se derrame sobre su unión santa.

Los retos de un matrimonio intereclesial

La boda

Conforme se preparan para su boda, **cada uno de ustedes probablemente querrá respetar los deberes y obligaciones de sus respectivas iglesias.** Estos sentimientos probablemente serán una parte crucial de su vida juntos en el futuro, por tanto es importante comenzar a negociar sobre ellos como pareja a la luz del amor recíproco que se tienen. Llegar a un consenso sobre cuál será la mejor forma de celebrar la boda, será un importante primer paso en la forja de una relación duradera.

Comiencen por hablar con sus respectivos líderes pastorales (párroco, ministro, sacerdote o diácono). En estas conversaciones, aparecerán preguntas importantes sobre dónde y cómo planean celebrar su matrimonio. **En el caso de los católicos que quieren casarse en un matrimonio intereclesial, deben contar con el permiso del obispo.** Para recibir este permiso, se pide a los católicos que prometan permanecer fieles a la Iglesia Católica, que prometan hacer "todo lo que puedan" por educar a sus hijos en la Iglesia Católica (se habla más de esto más adelante) y esforzarse seriamente por entender lo que la Iglesia enseña acerca del matrimonio.

Estas promesas, al igual que todo el proceso para obtener el permiso para casarse en un matrimonio intereclesial, tienen como finalidad asegurar que el vínculo del matrimonio se asume libre y conscientemente, mientras la parte católica recibe el apoyo y guía que necesita por parte de la Iglesia.

Si deciden tener la boda en una parroquia católica será importante considerar si la ceremonia se tendrá sin Eucaristía (Sagrada Comunión) o dentro de una Misa católica. La mayor parte de los párrocos aconseja que la pareja no incluya la Eucaristía en una boda intereclesial porque se presta a faltas de respeto o a confusión debido a las actuales restricciones sobre la recepción de la Eucaristía. Este deberá tenerse en cuenta sobre todo si se espera que en la ceremonia haya muchos no católicos.

Si deciden tener la boda en un lugar distinto de una parroquia católica, la parte católica necesita recibir un permiso expreso del obispo o de quien él haya designado para ello. Tengan en cuenta que solo el sacerdote o ministro puede presidir oficialmente una boda. Dicho esto, es siempre un hermoso signo de apoyo y unidad si un sacerdote o ministro de ambas Iglesias está presente. Decir una oración o bendecir a la pareja puede decir mucho en cuanto al apoyo y acogida que ambas iglesias dan a esta unión.

Familia y educación de los hijos

Tu decisión de casarte con un cristiano de otra iglesia puede suscitar reacciones, algunas incluso negativas, por parte de tus familiares o de tu familia política. Aunque no es fácil, estas reacciones pueden ofrecerte una oportunidad única para compartir con otros el amor que le tienes a tu esposo y a Cristo. Una futura novia luterana podría enseñar a su futura familia católica acerca de la importancia del estudio de la Biblia. Por su parte, un futuro esposo católico podría dar testimonio de su profundo amor a los sacramentos. Cualquiera que sea la situación, **es un tiempo para intercambiar dones y puede convertirse en una valiosa oportunidad para aprender más de ustedes mismos y de la familia de su pareja**, así como de los diversos matices que existen dentro de la comunidad cristiana. Es posible que estas discusiones no sean fáciles y que impliquen cierto temor, malentendidos o incluso rechazo; pero pueden convertirse en oportunidades de crecimiento si se manejan con paciencia y honestidad.

Otros retos pueden presentarse con el nacimiento de tu primer hijo. Es esencial hablar acerca de cómo van a integrar a sus hijos en el tejido de su matrimonio antes de la boda. Como se mencionó antes, se le pide al esposo católico que "prometa sinceramente que hará cuanto le sea posible para que toda la prole se bautice y se eduque en la Iglesia Católica" (Código de Derecho Canónico 1125). Esta promesa recuerda a ambos esposos el interés que tiene la comunidad católica en alimentar la fe del niño. Los obispos católicos y los sacerdotes también se comprometen con ustedes en este momento para ayudarles a fortalecer su unidad como pareja y a ayudarles a educar a sus hijos en la fe. Ellos deben "cuidar de que no falte al cónyuge católico, y a los hijos nacidos de matrimonio mixto, la asistencia espiritual para cumplir sus obligaciones y han de ayudar a los cónyuges a fomentar la unidad de su vida conyugal y familiar" (Código de Derecho Canónico 1128). Utilicen el compromiso que ellos tienen, el compromiso de todos los ministros de pastoral cristianos para consolidar su unión y educar a sus hijos como fieles cristianos.

La Biblia llama a todos los cristianos a la unidad

1 SAMUEL 20:42

"Vete en paz ya que nos hemos jurado en el nombre de Yahvé: 'Que Yahvé esté entre tú y yo, entre mi descendencia y la tuya para siempre".

Menciona tres formas en que te has acercado a la Iglesia, fe, familia o cultura de tu futuro esposo o esposa.

1. ______________________________

2. ______________________________

3. ______________________________

HECHOS DE LOS APÓSTOLES (14:27)

"A su llegada reunieron a la Iglesia y se pusieron a contar todo cuanto Dios había hecho juntamente con ellos..."

Menciona tres formas en que tienes pensado llevar a tu esposo y a tu matrimonio a tu Iglesia, fe, familia o cultura.

1. ______________________________

2. ______________________________

3. ______________________________

1 CORINTIOS 1:10

"Los exhorto, hermanos, (...) a que sean unánimes en el hablar, y no haya entre ustedes divisiones; antes bien, estén unidos en una misma mentalidad y un mismo juicio".

Menciona tres principios religiosos o prácticas que les gustas a ambos.

1. ______________________________

2. ______________________________

3. ______________________________

FILIPENSES 2:13

"... pues es Dios quien, por su benevolencia, realiza en ustedes el querer y el obrar"

Menciona tres formas en que ves a Dios trabajando en o a través de tu prometido(a), o tres formas en las que él o ella dan muestras de rectitud y santidad.

1. ______________________________

2. ______________________________

3. ______________________________

Retos de un matrimonio interreligioso

Un matrimonio interreligioso se presenta con algunos retos únicos y a menudo difíciles que se deben afrontar abiertamente y con honestidad. Si bien algunos grupos religiosos no permiten este tipo de matrimonios, los católicos sí.

Las uniones entre un católico y un no bautizado se llaman matrimonios con disparidad de culto”. Aunque no se considera un Sacramento, es un matrimonio válido si el esposo católico recibe el permiso por parte del obispo (Código de Derecho Canónico 1125).

Para recibir esta “dispensa” para casarse, se pide a los católicos que declaren que permanecerán fieles a la Iglesia Católica y que prometan hacer “todo lo que esté en su poder” para educar a sus hijos como católicos. También se comprometen a adquirir una clara comprensión de lo que la Iglesia enseña acerca del matrimonio. Estas promesas tienen como finalidad asegurar que el vínculo del matrimonio interreligioso se asume libremente y de forma válida, mientras se da a la parte católica el apoyo y la guía que necesita para vivir su fe en Cristo a través de la Iglesia.

La boda

Dado que muchas otras comunidades religiosas sienten también el deber de apoyar en este campo, **lo mejor es hablar de sus planes de matrimonio con sus respectivos líderes.** Llegar a un consenso sobre dónde y cómo celebrar su unión será una importante base para su vida juntos. Si la boda se tiene en una parroquia católica, se tendrá un servicio para la boda de acuerdo con sus necesidades. Igual que antes, si deciden tener la boda en un lugar distinto de una parroquia católica, la parte católica deberá pedir permiso al obispo para hacerlo. **Si bien basta con que un solo ministro presida la boda, busquen la forma de que un ministro de ambas confesiones participe como muestra de apoyo.**

También tengan en cuenta que en muchas tradiciones religiosas, la boda abarca mucho más que solo una ceremonia en un lugar sagrado. Cantos, bailes, ritos y comida a menudo acompañan estos eventos culturalmente tan significativos. Cada uno de los esposos y su familia probablemente darán por descontado el lugar y la forma en que la boda y otros eventos relacionados se desarrollarán. Es importante **moderar esas expectativas a la luz de aquellas cosas que ustedes ya comparten como pareja.** Discernir las semejanzas y equilibrar sus respectivos puntos de vista será una pieza fundamental para toda su vida juntos. Empezar a hacer este esfuerzo de negociación ya desde ahora les ayudará a crear una relación interreligiosa duradera.

Familia y educación de los hijos

Tu decisión de casarte con una persona de otra religión puede producir actitudes de reserva, o incluso críticas, por parte de aquellos que más los quieren. Aunque no es fácil, estas observaciones pueden ofrecerles una oportunidad para mostrar el amor que le tienen a su futuro esposo o esposa, mientras aprenden más acerca de su fe cuando reflexionen en sus preocupaciones. Sin duda ellos quieren lo mejor para ustedes y será de provecho confrontar sus pensamientos con sus propias ideas. Si bien no es posible llegar a un acuerdo total, **su disponibilidad para entrar en un diálogo sobre los problemas religiosos o culturales ayudará a crear una mayor conciencia sobre los valores y convicciones comunes a muchos pueblos y tradiciones.** Esto es bueno para todos los involucrados y para el mundo en general.

El nacimiento de su primer hijo probablemente conllevará algunos retos. Esta no es una preocupación inmediata, pero, como *ya se dijo antes, deben comenzar a hablar de cómo van a integrar a su hijo en el tejido de su familia* (ver Código de Derecho Canónico 1125). **La promesa de la parte católica recuerda a ambos esposos la necesidad y el valor de los sacramentos, especialmente el del Bautismo, tal como lo enseña la fe cristiana.**

El esposo o esposa no católico debe tener semejantes, o quizás incluso más profundas, obligaciones y expectativas religiosas. A menudo no hay una solución sencilla para estas dificultades, pero **si se puede llegar a un consenso pronto sobre cómo se va a educar al niño desde el punto de vista religioso, se obtendrán beneficios para la salud del matrimonio y de la familia en el futuro.** Permanezcan en contacto con sus propios líderes religiosos, discerniendo con su ayuda el mejor camino. Si expresan alguna preocupación sobre su relación, traten de ver en ella un interés por su bien y una expresión de sus profundas convicciones religiosas. Pongan todo su esfuerzo en escucharlos y en reflexionar sobre sus preguntas relacionadas con la identidad religiosa y la unidad de la familia.

Diferencias culturales y formas de entender el matrimonio

A menudo cuando los miembros de dos religiones distintas están representados en un solo matrimonio, las diferencias culturales se vuelven también manifiestas. El matrimonio y su finalidad pueden ser vistos de distinta manera por sus religiones y culturas de origen.

Además, la mayoría de los americanos creen que la principal finalidad del matrimonio es ser la más alta expresión y forma de mantener vivo el amor de una pareja. Desde este punto de vista, uno busca, encuentra y se compromete con la propia "alma gemela". A este valioso aprecio por el amor de una pareja, sin embargo, muchas religiones y culturas añadirían un fuerte compromiso con los familiares cercanos, creencias y prácticas religiosas y la formación en la fe de los hijos. **Amar a alguien no siempre es visto como el único requisito (a veces ni siquiera el más importante) para unirse en un vínculo de por vida.**

Es importante ser conscientes de estas diferencias y buscar la verdad juntos. Pensar en cómo conciben el matrimonio y sus principales metas, mientras comparan esa concepción con lo que sus familiares cercanos, culturas y religiones ofrecen es un paso importante en su proceso de preparación para el matrimonio, posiblemente el más importante. Dense su tiempo para analizar estos elementos y dificultades. **Compartan entre sí sus sentimientos de forma honesta y abierta, y estén atentos a aquellas cosas que los unen, especialmente por lo que ve a los valores fundamentales.** A decir verdad, esos son los valores que inicialmente los atrajeron el uno al otro.

Perspectivas sobre el matrimonio y la familia

Respondan a las siguientes preguntas con honestidad y después compartan sus respuestas entre ustedes.

1. Antes del matrimonio, deseo mucho que mi prometido o prometida (marca las frases que concuerden con tus deseos):
   - ☐ Asista a un servicio religioso en mi comunidad.
   - ☐ Se convierta a mi religión o a mi Iglesia.
   - ☐ Sea aceptado por mis papás / familia.
   - ☐ Organice o asista a una fiesta de compromiso o de anuncio de la boda.
   - ☐ Haga algunas promesas (por favor, especifica): ____________________

2. Después del matrimonio, deseo mucho que mi esposo (marca las frases que concuerden con tus deseos):
   - ☐ Me acompañe a los servicios religiosos de vez en cuando.
   - ☐ Me acompañe a los servicios religiosos siempre (o solo cuando yo vaya).
   - ☐ Me permita asistir a los servicios religiosos en mi comunidad regularmente (o exclusivamente).
   - ☐ Críe a nuestros hijos dentro de su comunidad de fe.
   - ☐ Me permita criar a nuestros hijos en mi comunidad de fe.
   - ☐ Se una a mí para criar a nuestros hijos juntos en la fe.

3. Deseo mucho que se tengan estas tradiciones en el día de nuestra boda (marca las frases que concuerden con tus deseos):
   - ☐ Vestidos / guardarropa: ____________________
   - ☐ Textos / lecturas: ____________________
   - ☐ Música: ____________________
   - ☐ Baile: ____________________
   - ☐ Comida /bebida (piensa en la Comunión y el uso de bebidas alcohólicas): ____________
   - ☐ Velas: ____________________
   - ☐ Ministros / gente: ____________________
   - ☐ Otros: ____________________

4. Me opongo fuertemente a que se tengan las siguientes tradiciones en nuestro día de bodas (marca las frases que concuerden con tus deseos):
   - ☐ Vestidos / guardarropa: ____________________
   - ☐ Textos / lecturas: ____________________
   - ☐ Música: ____________________
   - ☐ Baile: ____________________
   - ☐ Comida /bebida (piensa en la comunión y el uso de bebidas alcohólicas): ____________
   - ☐ Velas: ____________________
   - ☐ Ministros / gente: ____________________
   - ☐ Otros: ____________________

¿Hubo alguna respuesta que les sorprendiera? ¿Por qué sí o por qué no?

Para la reflexión personal y en común

Matrimonio intereclesial

1. Hablen de sus creencias y prácticas comunes como cristianos y después identifiquen aquellas prácticas y creencias de sus iglesias o denominaciones en que no concuerden. Piensen de qué forma podrían vivir con estas diferencias una vez que estén casados (incluyendo los servicios dominicales, las celebraciones en los días de fiesta, la oración en casa y las contribuciones económicas a sus iglesias).

2. ¿Dónde y cómo van a celebrar su boda? ¿Qué cosas y que procesos deben tener en cuenta para que su matrimonio sea reconocido y respaldado por sus iglesias? ¿Pueden involucrar a los ministros de sus respectivas iglesias en su boda y matrimonio? Si es posible, ¿cómo?

3. ¿Cómo han reaccionado tu familias a tu decisión de casarte con un cristiano de una Iglesia diferente? ¿De qué forma los has invitado a formar parte de tu boda y matrimonio por toda la vida?

4. ¿Cómo planean educar a sus hijos en la fe cristiana? ¿Dónde los van a bautizar y como los van educar como cristianos a la luz de sus respectivos valores, creencias y prácticas?

5. ¿A quién (o a dónde) tienen pensado acudir para buscar respuestas, consejo y una formación cristiana continua? Cuando surgen las preguntas sobre las prácticas y creencias cristianas, ¿involucran a sus sacerdotes, párrocos, ministros y otros cristianos en la conversación?

Matrimonio interreligioso

1. Hablen entre ustedes de las semejanzas que encuentran en sus respectivas tradiciones religiosas y después consideren las diferencias que han notado en sus creencias y prácticas. ¿Cuál es la finalidad del matrimonio de acuerdo con tu religión y/o cultura?

2. Hablen entre ustedes de cómo tienen pensado vivir sus respectivas creencias y prácticas religiosas una vez que estén casados, incluyendo prácticas religiosas, celebraciones en las festividades, oración en casa, actitudes y expectativas financieras y educación de los hijos.

3. Hablen entre ustedes sobre cómo han reaccionado sus familias ante su decisión de casarse con alguien de una religión diferente.

4. Piensen en algunas formas para invitar a los miembros de sus familias a participar en la ceremonia o celebración de su boda. Consideren estas posibilidades y cómo esto puede ayudarles a ellos a ser parte de su matrimonio.

5. Revisen y discutan las cosas y procedimientos que deben respetar para que su matrimonio sea reconocido y apoyado por sus respectivas comunidades religiosas. ¿Han pensado en alguna forma de involucrar a sus respectivos líderes pastorales en su boda y matrimonio? Si es así, ¿cuáles son?

Reflexiones personales

El matrimonio militar

P. John Paul Echert

En este capítulo...

- Vivir la vida militar como pareja es esencial.
- Retos comunes que acompañan a la separación, cambios de destino / misión y lesiones.
- Hay infinidad de recursos y apoyos disponibles: ¡úsenlos!

El servicio militar es un sacrificio compartido y una forma de vida. En particular, este es el caso para las parejas que están en servicio, pero también para las que están en la Guardia Nacional o en la Reserva. Dado que el servicio en el ejército es mucho más que un trabajo, es de vital importancia que ambos se comprometan con las exigencias particulares que este conlleva para el matrimonio y la familia. Si alguno de ustedes tiene preocupaciones o reservas, este es el momento para discutirlas cuidadosamente y llegar a acuerdos claros. Recuerden: aunque el servicio militar no dura necesariamente toda la vida como el matrimonio, los miembros del ejército están obligados por sus juramentos a cumplir con el servicio que se han comprometido a ofrecer.

Si son una pareja con un miembro activo, posiblemente ya están trabajando con un capellán castrense católico y en la preparación de su matrimonio se esté guiando por las normas de la arquidiócesis para los servicios militares. Si son una pareja de la guardia nacional o de la reserva, un capellán castrense católico puede estar a su disposición si no están trabajando ya con un sacerdote "civil". Cualquiera que sea el caso, **asegúrense de contactar al capellán o párroco unos meses antes de su boda**, para organizar la preparación y los detalles de la ceremonia. Esto es particularmente importante si hay circunstancias especiales que puedan afectar a su preparación, boda o al mismo matrimonio.

Después de que el miembro del ejército presenta el certificado de matrimonio al personal militar, los recién casados son legal y formalmente una pareja militar. Encontrarán una gran familia en las fuerzas armadas, pero en un nivel local la vida en el ejército en muchos sentidos se parece a la de una familia biológica. Comparten misiones y compromisos comunes, muchas instalaciones y actividades, y tienen intereses y valores comunes. También tienen una comunidad especial y un vínculo que puede ser fuente de mucho apoyo.

Enfrenten los retos juntos

Los dos elementos esenciales para tener un matrimonio exitoso son Cristo y la comunicación, las dos "c". Si mantienen a Cristo al centro de su matrimonio y tienen una buena comunicación de pareja, están en el camino correcto para el éxito. Otras prioridades como la familia, los amigos y la carrera militar, tomarán su lugar de forma natural. En muchas bases militares se ofrecen retiros y programas para fortalecer los matrimonios. Estas actividades se centran en fijar prioridades y fortalecer los hábitos de comunicación entre los esposos. Una vez casados, pregúntenle a su capellán sobre estas actividades.

Cadena de mando

1. Indica qué prioridad tienen las siguientes cosas para ti y para tu vida.
2. Escribe las respuestas de tu prometido o prometida en la columna indicada.
3. Al final, hagan juntos una lista de prioridades que satisfaga a los dos y que sirva como marco para sus valores y decisiones en el futuro.

Prioridad	Prioridades de él	Prioridades de ella	Nuestras prioridades
Compromiso / fidelidad			
Comunicación			
Comunidad (base militar, pueblo, amigos)			
Dios / Cristo			
Familia / hijos			
Fidelidad (confianza, honestidad)			
Amor (intimidad, compasión)			
Carrera militar (compañía, división, jefe)			
Presidente de los Estados Unidos			
Esposo o esposa			

Separación

A menudo las parejas ya tienen dificultades desde el momento en que están comprometidas, dificultades que nacen de la separación física. En la vida militar, **la separación puede ser un asunto de días, semanas o mucho más tiempo**. Durante la guerra de Irak algunos soldados estuvieron desplegados por cerca de dos años, pero ahora, en gran medida debido al estrés que esto causaba a las familias, un año de separación es el límite máximo.

Posiblemente has oído el dicho, "la ausencia hace crecer el afecto". Este no siempre es el caso, aunque **en las relaciones fuertes y sanas, las parejas pueden encontrar nuevas formas de mantenerse cerca uno de otro durante la separación física**. Hace algunas décadas, cuando se destinaba a alguien a un lugar lejano había largos periodos de incomunicación, el único contacto con los seres queridos era por goteo, esto es, cada mes a través de cartas.

Actualmente, la tecnología hace mucho más fácil el contacto frecuente –incluso cotidiano– entre los esposos, si su misión se lo permite. Las parejas y las familias se comunican a través de llamadas de ánimo, textos, correos electrónicos, redes sociales o incluso correo convencional. Irónicamente, algunas parejas terminan por comunicarse con mayor frecuencia y de forma más íntima cuando están separadas que cuando están juntas físicamente. Pero los peligros acechan. **Los esposos necesitan estar muy atentos al impacto que sus palabras pueden tener en el otro**, para bien o para mal. Nada es peor que una llamada para dar ánimos o un intercambio de correos electrónicos que terminan pobremente, a pesar de las buenas intenciones. Las parejas que, antes de la separación, tienen algún acuerdo sobre qué cosas deben compartir, pueden evitar algunas dificultades. Algunas parejas quieren saberlo todo aunque estén lejos; otras no. Conózcanse a sí mismos y a su pareja

¿Han oído alguna vez la expresión, "no hay ateos en las trincheras"? Tristemente, algunas personas no creen en Dios, pero para muchas otras, la religión se convierte en algo particularmente importante durante los tiempos de separación y tensión.

Muchos de los que están desplegados en una tropa encuentran a Dios por primera vez o redescubren su religión. El matrimonio cristiano es una alianza en Cristo y así la fe compartida de la pareja puede trascender a una larga distancia. **En el caso de aquellas parejas que actualmente practican ya su fe, síganlo haciendo siempre, ya sea en casa o estando de servicio**. Para aquellos que se han alejado de la fe por una razón u otra, aprovechen este tiempo para redescubrir su fe, la cual los sostendrá ante los retos de la vida.

Reinserción

Por supuesto, después de la separación viene el reencuentro. Por lo general mientras más larga es la separación, más emocionante es reencontrarse. Todos hemos visto imágenes de tropas que vuelven a casa después de una larga ausencia. Vemos cómo los soldados se dirigen directamente a abrazar con amor a su esposa o esposo y a sus familias.

Pero así como la separación requiere de ciertos ajustes, también el reencuentro los necesita. A menudo el esposo o la esposa que permanece en casa ha asumido responsabilidades que antes eran compartidas. Renunciar a estas puede ser motivo de tensiones. Si hay hijos, entonces el cónyuge que se quedó en casa ha tenido el reto adicional de ser temporalmente padre soltero. **Sean pacientes y comprensivos con el otro así como con sus hijos, que también van a requerir más tiempo y atención para reajustarse**. Algunas veces el cambio de la vida dentro del regimiento a la vida civil y familiar es una lucha que simplemente necesita tiempo para superarse.

Lo bueno es que el ejército tiene muy buenos programas, personal y recursos para apoyar a los miembros, a las parejas y a las familias. Este acompañamiento generalmente comienza antes de que los militares sean destacados, sigue durante la separación y está presente en los días y semanas después del regreso. Por esa razón, **cuando las dificultades relacionadas con una llamada a filas quedan sin resolver o reemergen más tarde, la ayuda y la asistencia también siguen mientras sean necesarias**.

Uno de los principales programas se llama *Yellow Ribbon Reintegration Program* (Programa de Reintegración Listón Amarillo). Una de las muchas características de estos programas de llamado a filas y reinserción es que reúnen a parejas que nunca han experimentado una separación militar con aquellas que ya la han experimentado. Militares con experiencia que ya han sido llamados a filas les dirán que cada vez que han sido enviados a una misión, han aprendido muchas lecciones, incluyendo aquellas relacionadas con el matrimonio y la familia. Las parejas pueden convivir y compartir reflexiones y experiencias. De nuevo se debe recordar que lo que funciona para una pareja, puede no funcionar para otra; pero la mayoría de las parejas que son nuevas en la vida militar están deseosas de escuchar a las otras.

Cambios de destino

Muchos crecen en la seguridad de la estabilidad: un barrio que nos es familiar, una parroquia y escuelas en las que hacemos amigos íntimos. La vida de un militar, por lo general, no es tan estable. A los períodos de separación se añaden los cambios continuos de destino. Algunas carreras militares y ciertas responsabilidades de servicio implican

No están solos

Los programas militares tienen un sistema de apoyo que puede ser espiritual, emocional y algunas veces físico. Por ejemplo, cuando un piloto se encontraba destacado en una misión, su casa sufrió un daño muy serio por una inundación. Sus compañeros de regimiento, cuando volvieron de la misión, fueron a su casa y con su propio dinero y tiempo repararon gran parte del daño. ¡Bravo!

más cambios y mudanzas que otras; ciertamente, **una vida de servicio constante al ejército que se desarrolle en un solo lugar es bastante rara.** Como cualquier otra transición profunda, incluyendo el paso de la soltería al matrimonio, es importante tener en mente que las transiciones son solo temporales. A la mayoría de nosotros no nos gusta la inestabilidad, pero si se anticipa y afrontan el cambio con confianza y como pareja, muy probablemente su matrimonio solo se fortalecerá.

El ejército tiene muchos recursos para ayudar en los continuos cambios de domicilio. Algunos no están disponibles hasta que estén legalmente casados, pero deberían recibirlos poco después. Estos recursos incluyen ayudas para encontrar casa; beneficios financieros, incluyendo prestaciones para alimentos y vivienda; y acceso a las instalaciones de la base como el departamento del ejército, tiendas de alimentos, instalaciones para la recreación y servicios. Dependiendo del tamaño, ubicación y misión, muchas bases, tanto las que están en el país como fuera de él, recrean una comunidad civil dentro de sus propias puertas de seguridad. Si prevén que se les cambiará de destino, hagan una preparación y también un reconocimiento de su lugar de destino para asegurarse una transición serena.

Una vez que lleguen a su nuevo destino, **no se aíslen de las nuevas comunidades o desperdicien oportunidades para integrarse**. Aislarse al inicio en las nuevas circunstancias puede ser algo natural, pero generalmente no es bueno. Cuando lleguen a un lugar nuevo, un buen lugar para empezar a conocer gente y encontrar actividades sociales es el capellán de la base o un párroco del lugar, distinto del que pueda haber en la base. También busquen centros de asistencia familiar que les puedan ofrecer información sobre la comunidad local y de la base, y sobre actividades sociales y de recreación que se vayan a realizar. Arriésguense y comiencen por algún lado, ¡después permitan a sus vidas florecer en cualquier lugar en que se encuentren!

Mi vida en el ejército

Si bien algunos aspectos de la vida militar pueden parecer simplemente fuera de control, sin embargo hay formas de sacar el mayor provecho incluso de las situaciones difíciles. Establezcan sus ideales respondiendo a las preguntas que se presentan a continuación. Después compartan sus respuestas entre ustedes.

1. Yo me imagino que nuestra vida militar va a durar…
   - ☐ Menos de 5 años
   - ☐ De 6 a 12 años
   - ☐ De 13 a 20 años
   - ☐ De 21 a 40 años
   - ☐ Toda la vida

2. Por lo general, nos veo a nosotros mismos teniendo…
   - ☐ Un pequeño grupo de amigos íntimos
   - ☐ Amigos y familia esparcidos a lo largo del país y por todo el mundo.
   - ☐ Amigos y recursos concentrados en el lugar en que vivimos.
   - ☐ Una red grande de apoyos y una intensa vida social.

3. Si sucede que debo estar separado de mi esposo o esposa, yo preferiría… (marca aquellas frases con las que te identificas)
   - ☐ Comunicarme todos los días
   - ☐ Comunicarme cada semana
   - ☐ Comunicarme cada mes
   - ☐ Tener comunicaciones detalladas
   - ☐ Tener comunicaciones que hablen de nuestra vida en el ejército
   - ☐ Saber cosas de mi casa o de la familia
   - ☐ Tener conversaciones que fortalezcan nuestra intimidad.
   - ☐ Hablar solo de cosas necesarias.

4. Si nos mandan a otro lugar de los Estados Unidos, yo preferiría…
   - ☐ El noreste
   - ☐ El medio oeste
   - ☐ El sur
   - ☐ El noroeste (Pacífico)
   - ☐ El suroeste (California, Arizona)

5. Si nos mandaran fuera de Estados Unidos yo preferiría… (escoger solo una o dos).
   - ☐ Centroamérica
   - ☐ Sudamérica
   - ☐ Europa occidental
   - ☐ Europa del Este / Rusia
   - ☐ África
   - ☐ Sureste asiático
   - ☐ Asia oriental (China, Japón)
   - ☐ Australia / Islas del Pacífico
   - ☐ Ártico / Antártida

6. Mi mayor temor a la vida en el ejército es…
   - ☐ Inestabilidad, especialmente en el matrimonio y la familia.
   - ☐ Recibir heridas o quedar incapacitado.
   - ☐ Traumas sociales o mentales.
   - ☐ Muerte o viudez.
   - ☐ Ataque o combates.
   - ☐ Daño moral o religioso
   - ☐ Otros: ____________________

Lesiones o traumas

Por más que queramos que no sea así, el ejército se dedica al peligroso negocio de ir a la guerra e inevitablemente algunos miembros vuelven a casa con heridas, algunas muy serias. **Para aquellos que han sido destinados a misiones peligrosas, severas pérdidas, heridas o traumas, la reinserción a menudo presenta más retos** y requiere paciencia.

Aquellas tropas que han estado en combate o en alerta general, pueden volver a casa en un estado de alerta que aún está activo o que acecha con aflorar en cualquier momento. Actividades normales como conducir en la hora de más tráfico puede provocar recuerdos de imágenes y situaciones mientras conducían en una situación de peligro en un convoy militar. La sana adaptación a la "vida normal" necesita por lo general algunos días y semanas, pero si se extiende más allá y hay signos de hábitos poco sanos como dificultad para conciliar el sueño, depresión o excesivo consumo de alcohol, **tengan por seguro que lo mejor es buscar ayuda profesional**. Aunque los cuerpos y mentes de algunos miembros del ejército han sufrido mucho, su espíritu puede seguir siendo fuerte.

Combatientes heridos

Los soldados miembros de la fuerza aérea prometen nunca abandonar a un compañero en el campo de batalla. Si alguna vez se han encontrado con esta dura realidad, sean un apoyo para el otro y superen la situación juntos. Recuerden sus votos de matrimonio: "en la salud y la enfermedad". Los capellanes militares son dolorosamente conscientes de los riesgos que los miembros del ejército aceptan y del costo que puede tener su compromiso. Pedimos a Dios que nunca se nos exija el último sacrificio, pero es un riesgo que las parejas de militares deben aceptar.
Si deseas ver historias y consejos sobre los obstáculos con que te puedes encontrar, visita la página de internet de "Wounded Warrior Project".

Infidelidad matrimonial y divorcio

Cuando eliges casarte con alguien, también renuncias a cualquier acción o relación inapropiada. Esto significa que no dejas que tus ojos o tu imaginación anden fantaseando. **Incluso estando dentro de un ambiente militar, las tentaciones pueden ser muchas,** por tanto mantén una vigilancia sobre tu cuerpo, tus facultades y sobre ti mismo, comenzando desde hoy.

Aunque la mayoría de las parejas no se casan pensando en el divorcio, desafortunadamente no es una realidad tan lejana. De hecho, ciertos aspectos de la vida militar como la separación pueden hacer a las parejas más vulnerables para tomar malas decisiones. De cualquier forma, ustedes no son una estadística; el éxito de su matrimonio está en sus manos como pareja. **Si bien un matrimonio inestable puede ser la peor fuente de estrés para una pareja del ejército, un matrimonio sólido es una de las mejores fortalezas.** Comiencen practicando buenos hábitos y presuponiendo buena fe, y si en alguna ocasión se encuentran en problemas, tomen la decisión desde ahora de buscar ayudap.

Miren hacia adelante

Las parejas que apenas se han comprometido es posible que no piensen en su retiro, pero sus votos son hasta la muerte, por tanto, un pensamiento sobre ello al inicio del matrimonio parece apropiado, especialmente para las parejas del ejército. A diferencia del empleo civil, que puede cambiar frecuentemente, **las parejas del ejército tienden a tomar más decisiones a largo plazo relacionadas con sus carreras.** Mientras más años se invierten al servicio militar, más grande es el incentivo para terminar bien la carrera y poder recibir así los beneficios del retiro. En la actualidad, los miembros del ejército son elegibles para el retiro después de un mínimo de 20 años de servicio. Cualquier cosa que decidan hacer, asegúrense de que piensan igual y de que están comprometidos con su decisión como pareja.

La decisión de unirse al ejército será uno de los más grandes compromisos de sus vidas, pero su compromiso en el matrimonio es todavía más grande. Es algo más que una misión militar. **Las parejas legítimamente no quieren otra cosa que la seguridad y estabilidad que ofrece el matrimonio cristiano.** Ustedes pueden estar ya trabajando con un capellán en la preparación para su matrimonio. Si no, podrán convivir con muchos capellanes como pareja.

Lo crean o no, precisamente **porque están en el ejército, tienen una cantidad increíble de ayudas**. Hagan una lista de recursos importantes y de personas. Por lo general, muchas bases ofrecen servicios religiosos para sus miembros y familias, incluyendo la Misa y los Sacramentos. Analicen las comunidades en las que les toque vivir, las iglesias y los miembros de la cadena de mando. Procuren hacer voluntariado o acérquense a ayudar a otros.

Esto prácticamente no hace falta decirlo, pero su familia y amigos son una fuente indispensable de fortaleza y apoyo, especialmente en las situaciones difíciles. Recuerden la canción para cantar en torno a la fogata: "Haz nuevos amigos, pero conserva los antiguos…". Estarán haciendo nuevos amigos constantemente a medida que se mueven por el mundo del ejército y seguirán teniendo familia y amigos cuando regresen a casa.

Recursos adicionales que hay en el ejército

Los siguientes son tipos de servicios y organizaciones que probablemente encontrarán:

- Centros para ayudar a las familias
- Consejeros para la vida familiar
- Programas de apoyo para veteranos
- Organizaciones de servicio a los veteranos
- Organizaciones de la comunidad civil
- *Military One Source*
- *Beyond the Yellow Ribbon*
- *Wounded Warrior Project*

Para construir su matrimonio militar, formen un frente común

MATEO 8:9 / LUCAS 7:8

"Porque también yo, que soy un subalterno, tengo soldados a mis órdenes"

Menciona dos autoridades no militares a las que están sujetos y alguna persona o cosa sobre la que tienen autoridad.

1. ______________________________

2. ______________________________

3. ______________________________

2 TIMOTEO 2:3

"Soporta las fatigas conmigo, como un buen soldado de Cristo Jesús"

Menciona tres dificultades a las que harán frente como esposos en el ejército.

1. ______________________________

2. ______________________________

3. ______________________________

NÚMEROS 31:49

"Tus siervos han sacado la cuenta de los combatientes que tenían a sus órdenes, y no falta ni uno".

Menciona tres formas en que puedes apoyar a tu esposo(a) y a tu familia en tiempos difíciles.

1. ______________________________

2. ______________________________

3. ______________________________

SALMO 27:1, 3

"Yahvé es mi luz y mi salvación, ¿a quién temeré? (…) Aunque acampe un ejército contra mí, mi corazón no teme; aunque estalle una guerra contra mí, sigo confiando"

Menciona tres formas en que puedes apoyarte en tu fe e Iglesia para recibir ayuda y apoyo.

1. ______________________________

2. ______________________________

3. ______________________________

Para la reflexión personal y en común

1. Si solo uno de ustedes es actualmente miembro del ejército, dialoguen entre ustedes sobre lo que cada uno necesita para sentirse en contacto con el otro y apoyado.

2. Hablen de sus expectativas relacionadas con la carrera militar. Si no están totalmente de acuerdo, piensen en qué pueden hacer para resolver aquellos puntos en los que todavía hay divergencias.

3. Reflexionen en sus experiencias de estar separados el uno del otro. Compartan sus sentimientos y analicen cuáles son los mejores medios que tienen a su disposición para comunicarse en los tiempos de separación cuando vengan.

4. Reflexionen en sus esperanzas, temores y expectativas para misiones futuras y traslados. Compartan sus planes para encontrar actividades y recursos en las comunidades militares y civiles que les interesen y llenen como individuos y como pareja. *Busquen estar de acuerdo al menos en una, en la que ambos puedan involucrarse ahora* para ayudarse en su transición a la vida matrimonial.

5. Reflexionen en la amistad que tienen con otros militares y parejas de militares. Hablen sobre qué oportunidades tienen incluso ahora o poco después de su matrimonio para estar en contacto con otras parejas de militares.

Reflexiones personales

Sobre los colaboradores (en orden alfabético)

Charles E. Bouchard, OP

El P. Bouchard vive en Chicago, donde es el provincial de la Provincia Dominica del Centro. Fue profesor y presidente del *Aquinas Institute of Theology* en San Luis Missouri y sigue escribiendo y dando conferencias sobre ética en los servicios de salud, espiritualidad y moralidad. Su más reciente libro titulado *Sexo, espiritualidad y plenitud* fue publicado por Libros Liguori.

Bridget Brennan

Bridget Brennan, nacida en San Luis Missouri, es la fundadora y presidente del *Cana Institute*, el cual da entrenamiento, asesoría y apoyo a parejas casadas y a familias. Ofrece *coaching* para la relación matrimonial e imparte cursos de preparación matrimonial a instructores. Ella y su esposo dirigen retiros y talleres para parejas comprometidas o casadas y son coautores del libro *Respetar nuestros deseos más profundos: el poder de un matrimonio íntimo* (Liturgical Press). Bridget fue también directora de educación religiosa y posee títulos en estudios religiosos y relaciones humanas.

Diácono Harold Bruke-Sivers

El Diácono Harold Burke-Sivers es fundador y presidente de *Servant Enterprises, Inc.*, una organización de evangelización católica y de apologética que organiza giras de conferencistas y seminarios, retiros y desarrolla productos y servicios que ayuden al matrimonio y a la vida familiar. Vive en Portland, Oregón, con su esposa, Colleen y sus cuatro hijos.

P. John Paul Echert

El P. Echert es un sacerdote de la Arquidiócesis de Saint Paul - Minneapolis y capellán *senior* de la Fuerza Aérea para el Ala 133ª del Puente Aéreo de la Guardia Nacional Aérea de Minnesota. Su servicio en parroquias civiles y militares se extiende por décadas. Fue profesor de Sagrada Escritura en el Seminario de San Pablo y profesor adjunto en la Universidad de Santo Tomás. Participa en programas de EWTN como experto en la Biblia y posee una licenciatura en Sagrada Escritura por el Pontificio Instituto Bíblico de Roma.

David W. Fagerberg, PhD

Dr. Fagerberg teaches liturgical theology at tEl Dr. Fagerberg enseña Teología Litúrgica en la Universidad de Notre Dame y fue anteriormente director y asesor del Notre Dame Center for Liturgy. Escritor consumado, posee varios títulos, incluyendo un doctorado por la Universidad de Yale. Vive en Sacramento con su esposa Elizabeth desde hace más de 40 años. Juntos tienen dos hijos adultos.

Joann Heaney-Hunter, PhD

La Dra. Haney-Hunter enseña Teología Pastoral en Sant John's University. Posee un doctorado en Teología por la Universidad de Fordham y una maestría en Orientación para la Salud Mental por la Universidad de Long Island. Tiene la licencia para ejercer como psiquiatra en el Estado de Nueva York. Es reconocida internacionalmente como conferencista, escritora y especialista sobre el ministerio a los matrimonios y las familias en la Iglesia Católica. Es coautora de *Unitas*, un par de guías para el líder y para las parejas sobre la preparación matrimonial publicadas por Crossroad Publishing.

Cassandra Hough

Cassandra Hough es la fundadora y asesora *senior* de *Love and Fidelity Network*, un programa nacional que equipa a los líderes de la próxima generación con argumentos y recursos para defender el matrimonio, la familia y la integridad sexual. Conocida antes por algunos como Cassy DeBenedetto, es una voz activa que se opone a la cultura del "hookup" en y entorno a la comunidad de Princeton. Está casada y es madre de tres hijos. Ha publicado en *The New York Times* y en *The Washington Post*, y ha participado en el *Glenn Beck Program*, entre otros.

Karen Jiménez Robles, MD

La Dra. Jiménez nació en Veracruz, México. Se graduó de la Escuela de Medicina teniendo interés en la Planeación Familiar Natural y obtuvo un master en reproducción humana en 2007. En 2011, estudió, enseñó y practicó el Método Creighton y la Tecnología NaPro con el Dr. Thomas Hilgers del Instituto Pablo VI para el Estudio de la Reproducción Humana en Omaha. En 2013, abrió la primera clínica de este tipo en Latinoamérica, ofreciendo a las parejas entrenamiento, apoyo, diagnósticos y tratamientos que no comprometan la fe o moral católicas. Es profesor huésped y promotora activa del método.

Phil Lenahan

En 1983, Phil Lenahan aceptó un puesto como contador en Arthur Andersen & Co. Después de varios años de trabajar en esta empresa, la abandonó para poder tener una vida familiar más equilibrada. Pasó ocho años en Fleetwood Enterprises y después aceptó en 1995 el puesto de director financiero en *Catholic Answers*. En 2005, comenzó a trabajar con *Our Sunday Visitor* para desarrollar el programa *7 Pasos para ser económicamente libre* y fundó *Veritas Financial Ministries*, que ayuda a las personas a manejar sus finanzas de acuerdo con la doctrina católica. Está casado y es padre de siete hijos.

Coleen Kelly Mast

Coleen Kelly Mast es una escritora conferencista internacionalmente reconocic sobre temas relacionados con la vida d la familia católica y ha colaborado con Vaticano y con la Conferencia de Obispc Católicos de Estados Unidos desarrolland materiales sobre la familia y la sexualida humana. Dirige un programa de radio titulad *Mast Appeal* y es una de las locutoras en programa, también de radio, *The Dr. Is* en Ave María y EWTN. Mast es autora los programas de educación en la castida *Amor y vida y Respeto al sexo*. Regularmen imparte las presentaciones Pre-Caná. Pos un doctorado honorario y una maestría e Ciencias de la Salud. Está casada y es mad de cinco hijos.

Deborah Meister

Deborah Meister es editora para Bayard Inc. anteriormente lo era en *Liguori Publication* Posee maestrías en Literatura y Teologí un diplomado en Cuidado Pastoral y u certificación en Ministerio Pastoral. Cuan fungió como Coordinadora de Vida Famili en la Arquidiócesis de Saint Luis, ayudó desarrollar un programa de preparaci matrimonial integral. Deborah tiene años experiencia como educadora, escritora, minist parroquial y líder de preparación matrimoni Está casada y es madre de dos hijas adultas.

Daniel J. Olsen, PhD

El Dr. Olsen es el director asistente la oficina para los asuntos ecuménicos interreligiosos de la Arquidiócesis de Chica y profesor adjunto de Teología en Saint Xavi University de Chicago y The College Scholastica en Minnesota. Posee un doctora en Teología Constructiva por la Loyc University de Chicago. En su tesis docto estudió los dones pastorales y los retos q deben afrontar las familias intereclesial Vive en los suburbios de Chicago con esposa y dos niños pequeños.

David A. Smith, PhD

El Dr. Smith es profesor en el Departamento Psicología de la Universidad de Notre Dan donde enseña y supervisa a futuros consejer de terapia matrimonial. Posee la licencia el certificado para ejercer como psicólo y cursó su doctorado en SUNY Sto Brook. Como director de la clínica para terapia e investigación matrimonial, explc la relación entre depresión y problem matrimoniales con estudios de observaci sobre el exceso de sentido crítico en los esposos y las actitudes matrimonia destructivas. En ocasiones usa un mod aleatorio experimental de perdón.